Du chantier dans l'art contemporain

Ce livre est le 87ème livre de la

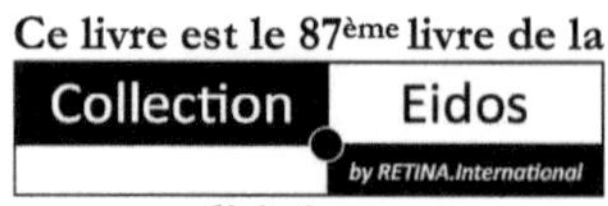

dirigée par
François Soulages & Michel Costantini

Série RETINA

3 François Soulages (dir.), *La ville & les arts*
11 Michel Gironde (dir.), *Les mémoires de la violence*
12 Michel Gironde (dir.), *Méditerranée & exil. Aujourd'hui*
13 Eric Bonnet (dir.), *Le Voyage créateur*
14 Eric Bonnet (dir.), *Esthétiques de l'écran. Lieux de l'image*
17 Manuela de Barros, *Duchamp & Malevitch. Art & Théories du langage*
18 Bernard Lamizet, *L'œil qui lit. Introduction à la sémiotique de l'image*
30 François Soulages & Pascal Bonafoux (dir.), *Portrait anonyme*
31 Julien Verhaeghe, *Art & flux. Une esthétique du contemporain*
35 Pascal Martin & François Soulages (dir.), *Les frontières du flou*
36 Pascal Martin & François Soulages (dir.), *Les frontières du flou au cinéma*
37 Gezim Qendro, *Le surréalisme socialiste. L'autopsie de l'utopie*
38 Nathalie Reymond *À propos de quelques peintures et d'une sculpture*
39 Guy Lecerf, *Le coloris comme expérience poétique*
40 Marie-Luce Liberge, *Images & violences de l'histoire*
41 Pascal Bonafoux, *Autoportrait. Or tout paraît*
42 Kenji Kitayama, *L'art, excès & frontières*
43 Françoise Py (dir.), *Du maniérisme□ à l'art post-moderne*
44 Bertrand Naivin, *Roy Lichtenstein, De la tête moderne au profil Facebook*
48 Marc Veyrat, *La Société i Matériel. De l'information comme matériau artistique, 1*
49 Dominique Chateau, *Théorie de la fiction.*
51 Patrick Nardin, *Effacer, Défaire, Dérégler... entre peinture, vidéo, cinéma*
55 Françoise Py (dir.), *Métamorphoses allemandes & avant-gardes au XXe siècle*
56 François Soulages & Sandrine Le Corre (dir.), *Les frontières des écrans*
58 François Soulages & Alejandro Erbetta (dir.), *Frontières & migrations Allers-retours géoartistiques & géopolitiques*
60 François Soulages & Aniko Adam (dir.), *Les frontières des rêves*

Suite des livres publiés dans la Collection *Eidos* à la fin du livre

Publié avec le concours de

RETINA International

Recherches Esthétiques & Théorétiques sur les Images Nouvelles & Anciennes

Angèle Ferrere

Du chantier dans l'art contemporain

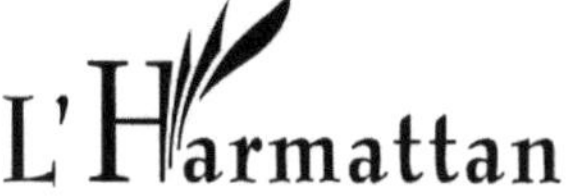

5-7, rue de l'Ecole-Polytechnique, 75005 Paris

http://www.harmattan.fr
diffusion.harmattan@wanadoo.fr

ISBN : 978-2-343-09250-8
EAN : 9782343092508

Je remercie Alain Bublex, Alexia Fabre et François Soulages,
sans qui ce livre n'aurait jamais existé.

Introduction

- Quand le pont a-t-il été démoli ?
- Je ne sais pas, je n'en ai aucune idée.
- Connaissiez-vous le vendeur de montre qui était sur le pont ?
- Non.
Tsai Ming-Liang[1]

À la recherche d'un pont qui a disparu, le personnage du cinéaste taïwanais Tsai Ming-Liang déambule dans les rues de Tapei. Le temps de son voyage à Paris, la ville a continué d'opérer ses discrètes transformations, effaçant les repères spatio-temporels de la jeune femme. Avec le pont c'est aussi le vendeur de montre qui a disparu. Les mutations de la ville font écho au basculement des strates de la mémoire personnelle, effacement des traces, glissement vers l'oubli. Dans *Le Pont n'est plus là*, Tsai Ming-Liang joue sur l'éclatement de la composition de la ville et de l'image cinématographique : reflets et miroitements, juxtaposition d'espaces en chantier et de voies de circulation saturées par le passage incessant des voitures et des piétons, dans une forme de mise en abyme de l'entropie du monde. Face à la frénésie d'une ville prise dans une dialectique de construction/destruction perpétuelle, la force

[1] Tsai Ming-Liang, *Le Pont n'est plus là*, 2002.

du regard du personnage de Tsai Ming-Liang réside dans une forme d'impuissance contemplative.

La question du regard est essentielle pour le cinéaste taïwanais et pour la problématique qui nous occupe. Regard de l'homme sur l'espace éclaté qui l'entoure, spectacle d'un monde en transformation et, par jeu de miroir, regard introspectif sur son propre éclatement, au prisme d'une superposition de strates temporelles et spatiales. Les chantiers bousculent le regard, et interrogent par-là même leur potentialité esthétique. Dans son ouvrage *Le temps en ruine*, l'anthropologue Marc Augé questionne ce lien métaphorique entre la ville et l'homme en transformation :

> L'humanité n'est pas en ruine, elle est en chantier.[2]

L'auteur problématise l'articulation entre les notions de ruine et de chantier à l'appui de travaux d'artistes, esquissant ce qui apparaît depuis une vingtaine d'années comme l'émergence d'un sujet fécond dans la création occidentale. Photographie, installation, peinture, sculpture, vidéo, autant de médiums qui révèlent la construction et la déconstruction d'un regard sur les mutations du monde.

Cette production artistique s'est accompagnée d'un processus de théorisation, à travers une approche transdisciplinaire touchant aussi bien à l'histoire de l'art qu'à la philosophie ou à l'anthropologie. En témoigne l'ouvrage de Marc Augé, mais aussi le travail de Michel Makarius qui, dans sa synthèse sur les ruines dans l'art parue en 2004, consacre un court chapitre intitulé « La ville comme *work in progress*[3] » sur le motif du chantier dans l'art. En 2010 a lieu au Château d'Annecy l'exposition « Poétique du chantier », sous la direction de Juliette Singer et de Jean Max Colard, exposition qui donna lieu à un numéro spécial de la revue Ligeia[4], invitant plusieurs chercheurs à réfléchir

---

[2] Marc Augé, *Le temps en ruines*, Paris, Galilée, 2003, p. 18.

[3] Michel Makarius, *Ruines : représentations dans l'art de la Renaissance à nos jours*, Paris, Flammarion, pp. 209-213.

[4] Jean-Max Colard (dir.), « Poétique du chantier : de la Tour de Babel à Ground Zero », *Ligeia* n° 101-104, Paris, 2010.

sur cette thématique. À ces publications s'ajoute la multiplication de colloques qui posent un regard croisé sur le sujet, à travers les interventions d'historiens de l'art, d'architectes, d'urbanistes, d'artistes.[5]

Si, comme nous le verrons dans le présent ouvrage, le chantier en tant que motif artistique trouve des occurrences bien antérieures à la période contemporaine, nous assistons aujourd'hui à l'autonomisation d'un sujet, tant du point de vue artistique que théorique, transposant le chantier comme simple motif anecdotique en véritable notion paradigmatique de notre époque.

L'évolution sémantique du mot « chantier » dans la langue française indique déjà un élargissement du signifié qui, par un phénomène de métonymie allant du concret à l'abstrait, passe d'un objet à un lieu, puis à une action, et enfin à un état. Dans son *Dictionnaire historique de la langue française,* Alain Rey rappelle ainsi qu'à l'origine, le mot réalise le sens de « support », désignant entre autres les pièces de bois sur lesquelles on place des tonneaux. Étymologiquement, le terme vient du latin « *canterium* », qui signifie chevron, soit en charpente une pièce de bois qui sert à soutenir des liteaux, renvoyant ainsi déjà au monde de la construction et du bâtiment. Puis, par métonymie, le chantier désigne le lieu de construction, et dans le cas de la locution verbale « être en chantier », il se rapporte même à l'état d'une chose. Cette abstraction conceptuelle du chantier s'illustre dans les champs disciplinaires de la philosophie et de l'anthropologie, le chantier devenant concept métaphorique de réflexion sur le monde en transformation, sur la condition humaine. Cette analyse sémantique est intéressante au vu de l'étude historiographique qui nous occupe, dans la mesure où, de la même manière que le signifié a évolué du concret vers l'abstrait, l'intérêt que le chantier a suscité en temps qu'objet d'étude au sein des

---

[5] Colloque « Chantiers ouverts au public », sous la direction de Gaëtane Lamarche-Vadel, Paris, Cité de Chaillot, 09/04/2013 ; colloques « Les représentations du chantier, XVIe-XXe siècle », sous la direction de Corinne Bélier et Valérie Nègre, Paris, Cité de Chaillot, les 3/12/2014 et 19/06/2015.

sciences sociales a suivi une évolution similaire. Ce sont d'abord les architectes et les urbanistes qui ont fait du chantier urbain un sujet documentaire, à l'appui notamment de la photographie, alors nouvelle discipline, pour progressivement ouvrir un champ d'expérimentations artistiques et d'interrogations théoriques spécifique.

Parce ce qu'il interroge la construction du monde qui nous entoure, le chantier devient aussi un outil critique, un instrument de pensée qui, selon le point de vue adopté, a été le support de différents discours et de différents regards sur le monde. La synthèse analytique que constitue cet ouvrage se doit d'adopter une posture d'historien de l'art, qui recontextualise les différentes utilisations du motif du chantier dans l'art depuis le milieu du XIXe siècle, mais en pleine conscience du recul critique nécessaire face à un sujet qui, de part sa nature indéfinissable, devient un concept fluctuant, qui ne cesse d'interroger les constructions de la pensée occidentale. Dans la dialectique historiographique qui traverse le XXe siècle, articulée autour de l'opposition modernisme/postmodernisme, le chantier devient un objet d'étude révélateur, figure de progrès et d'utopie pour les avant-gardes artistiques, mais aussi symbole de dystopie et de déconstruction après la Seconde Guerre mondiale. Les deux premiers moments de notre propos s'attarderont sur cette analyse dialectique du chantier, qui se révèle alors autant un motif artistique qu'un concept historiographique. Dans un troisième moment nous interrogerons une possible esthétique du chantier dans l'art contemporain, notamment autour des notions de paysage et d'imaginaire. Enfin, le quatrième moment de cet ouvrage se proposera d'analyser le chantier non plus simplement comme motif et sujet artistique mais comme lieu potentiel de création et d'exposition, notamment à travers le cas de la commande publique.

1er moment

Le chantier moderne

Chapitre 1

Naissance d'un sujet & d'une iconographie

L'histoire à venir ne produira plus de ruines.
Elle n'en a pas le temps.
Sur les décombres nés des affrontements
qu'elle ne manquera pas de susciter,
des chantiers néanmoins s'ouvriront, et avec eux, qui sait,
une chance de bâtir autre chose, de retrouver le sens du temps,
et au-delà, peut-être, la conscience de l'histoire.
Marc Augé[6]

Ruine & chantier, frontières historiographiques

Une analyse historiographique et sémantique du chantier révèle l'autonomisation paradoxale d'un sujet. Confiné dans ses liens avec le motif de la ruine, le chantier élargit dans un même temps son signifié et se construit progressivement en tant que concept théorique. Le point historiographique évoqué en introduction du présent ouvrage montre bien qu'en même temps que le chantier se construit comme concept et objet d'étude, nombreux

[6] Marc Augé, *Le temps en ruines*, Paris, Galilée, 2003, p. 133.

artistes y voient matière à leur création, et en font un sujet artistique éminemment contemporain.

Comment expliquer cette rapide constitution du chantier en tant que sujet artistique et théorique ? Notre analyse montrera que si le chantier est un concept théorique récent, encore en voie de définition, son apparition dans les arts est bien antérieure. Se pose ici la question des origines d'un sujet, d'un corpus artistique. Jusqu'alors les quelques analyses qui se sont penchées sur le problème ont peiné à se détacher d'une acception réductrice du chantier en tant que négatif de la ruine. L'approche d'historien de l'art qu'en fait Michel Makarius dans son ouvrage sur les ruines dans l'art conçoit le chantier dans sa prétendue succession chronologique vis-à-vis de la ruine, survenu à la fois en continuité et en rupture esthétique avec celle-ci : « dans une sorte d'involution des signes, on peut y lire les caractéristiques d'une beauté moderne de la ruine[7] ». C'est à l'époque moderne, au début du XXe siècle, qu'il situe les origines d'une esthétique du chantier :

> Dans le bouillonnement des avant-gardes tournées vers l'avenir du début du XXe siècle, le chantier était vu comme l'inverse de la ruine. [...] Les édifices détruits se renversent en constructions à venir – le passé et l'histoire deviennent le futur et l'utopie.[8]

Les mouvements d'avant-gardes ont en effet joué un rôle fondamental dans le développement d'une iconographie artistique du chantier urbain, mais il serait réducteur d'y voir là son apparition. Le propos défendu par l'exposition « Poétique du chantier » au Château d'Annecy élargit ainsi le motif du chantier en le rattachant par exemple à l'iconographie de la Tour de Babel, repoussant ses origines à l'époque médiévale, et va même jusqu'à évoquer une iconographie du chantier dans les représentations de travaux de constructions dans l'Égypte

---

[7] Michel Makarius, *op. cit.,* p. 210.
[8] *Ibid.*, p. 212.

des Pharaons[9]. Pourtant, un basculement indiscutable s'opère au tournant du XXe siècle : le chantier n'est plus un motif anecdotique ou épisodique, il devient véritable motif paradigmatique de la pensée moderniste.

> Le vieux Paris n'est plus (la forme d'une ville
> Change plus vite, hélas ! que le cœur d'un mortel)
> [...]
> Paris change ! mais rien dans ma mélancolie
> N'a bougé ! palais neufs, échafaudages, blocs,
> Vieux faubourgs, tout pour moi devient allégorie,
> Et mes chers souvenirs sont plus lourds que des rocs.[10]

Dans un article paru à l'occasion d'un numéro spécial de la revue *Ligeia* en lien avec l'exposition « Poétique du chantier », Jean-Max Colard interroge la résurgence du chantier dans l'art moderne, qui témoigne d'un « autre rapport au monde, soudainement disponible, une autre relation au paysage, devenu vaste champ des possibles[11] ». Plus que la naissance d'un sujet artistique, Jean-Max Colard et Juliette Singer préfèrent parler d'un « statut renouvelé » du chantier à l'aune de la modernité, suite à « une diminution notoire [de ses] représentations[12] » à partir du XVIIe siècle. Ici encore, l'analyse est basée sur une comparaison avec la ruine, soit comme son inversion, soit comme sa forme complémentaire :

> Ou sinon le contraire, du moins la forme complémentaire de la ruine, au sens où les ruines et les chantiers sont les deux versants mouvementés d'un réel que l'on voudrait croire permanent, et qu'ils mettent en doute, chacun à leur manière. [...] Le chantier nous fait regarder ailleurs, il est

---

9 Hélène Courty, « Vie de chantier dans l'Égypte de pharaon », in « Poétique du chantier : de la Tour de Babel à Ground Zero », in *Ligeia* n° 101-104, Paris, 2010, pp. 72-14.

10 Charles Baudelaire, *Les fleurs du mal* (1857), Paris, Gallimard, Folio Classique, 1999.

11 Jean-Max Colard, *op. cit.*, p. 45.

12 *Idem.*

prospectif, tourné vers l'avenir, et représente le futur en construction.[13]

Ce consensus autour du chantier comme alternative, voire comme suite logique d'une esthétique de la ruine trouve, certes, un certain nombre de fondements théoriques. Ceci relève d'abord à mon sens d'une sorte d'impasse esthétique et conceptuelle dans laquelle semble se trouver la représentation des ruines depuis une cinquantaine d'années. La vision d'une nature transcendantale qui prédominait au XVIIe siècle, et avec elle la représentation de ruines bucoliques, témoins d'un âge d'or passé, a été supplantée par une nouvelle forme de transcendance, héritée de la pensée humaniste des Lumières, celle de l'homme, qui devient dans un même temps force de tous les possibles et menace autodestructrice. Les ruines qui intéressent les artistes de la fin du XXe et du début du XXIe siècles ne sont plus les ruines d'un monde antique révolu, envahies par une nature sauvage, mais celles d'un monde présent en perpétuelle autodestruction. Ruines de guerre et ruines industrielles apparaissent comme deux nouveaux genres symptomatiques de notre monde et prédominent la création contemporaine. Dans un ouvrage paru en 2014, Marcel Fortini[14] s'interroge justement sur ce qu'il définit comme un nouveau genre photographique, à savoir la photographie des ruines de guerre, dont il dégage une analyse esthétique générale à partir du cas particulier de la commande « Beyrouth centre-ville ». Dans l'imaginaire collectif du XXe siècle, la ruine évoque ainsi avant tout la violence humaine, les guerres dévastatrices qui modifient de façon tragique le paysage urbain des zones en conflit, à l'image d'une humanité dont le destin autodestructeur semble inéluctable. « Tout se passe comme si l'avenir ne pouvait s'imaginer que comme le souvenir d'un désastre dont nous n'aurions aujourd'hui que

---

[13] Jean-Max Colard, *op. cit.,* p. 45.

[14] Marcel Fortini, *L'esthétique des ruines dans la photographie de guerre*, Paris, l'Harmattan, 2014.

le pressentiment[15] ». Les ruines industrielles attestent d'une même vision dystopique, témoins de l'échec d'un monde industrialisé dont la marche infernale ne fait que conduire à sa propre perte. Nombreux artistes ont travaillé sur dessus, notamment Cyprien Gaillard, qui filme en 2009 à Glasgow la destruction d'une barre d'immeuble d'habitations située au milieu d'un cimetière, ou encore Louidgi Beltrame, dont l'œuvre explore les vestiges de l'architecture moderne de l'ex-URSS, comme autant de témoins d'un monde dépossédé de ses utopies. La symbolique de la ruine contemporaine apparaît alors dans une sorte d'impasse du discours, figée dans une vision dystopique du monde, que le chantier permet de dépasser, ou du moins d'interroger, espace-temps non figé qui se déploie dans un imaginaire qui laisse la place au possible. « Le chantier est donc marqué du sceau de l'incomplétude, de la totalité absente et du fragment révélateur qui sollicite l'imaginaire[16] ». Espace d'attente plus que de finitude, Marc Augé y voit le lieu qui « contre l'évidence, met en scène l'incertitude[17] ».

> Contre le présent, il souligne à la fois la présence encore palpable d'un passé perdu et l'imminence incertaine de ce qui peut advenir : la possibilité d'un instant rare, fragile, éphémère, qui échappe à l'arrogance du présent et à l'évidence du déjà là.[18]

Mais ce qui conduit surtout à voir dans le chantier une alternative à la ruine, c'est ce que Marc Augé qualifie de paradoxe des ruines :

> Sans doute est-ce à l'heure des destructions les plus massives, à l'heure de la plus grande capacité d'anéantissement, que les ruines vont disparaître à la fois comme réalité et comme concept.[19]

---

15 Marc Augé, *op. cit.,* pp. 95-96.
16 Michel Makarius, *op. cit.,* p. 212.
17 Marc Augé, *op. cit.*, p. 89.
18 *Ibid.,* p. 90.
19 Marc Augé, *op. cit.,* pp. 84-85.

En effet, dans un monde qui ne cesse de reconstruire, les ruines contemporaines ne restent jamais longtemps à l'abandon et se voient doublement détruites par le travail incessant des grues et des pelleteuses.

Pourtant, bien que ces différents arguments sur le rapport d'opposition et de complémentarité entre ruine et chantier soient tout à fait justes, une telle analyse nous semble insuffisante, ou du moins réductrice. En nous appuyant sur le cas particulier de la France, nous verrons que des causes antérieures issues des transformations profondes de la société française à la fin du XVIIe siècle doivent être explicitées afin d'entendre d'autres enjeux importants de cette résurgence du chantier à l'époque moderne, et surtout de nuancer la conception du chantier comme simple alternative critique à la ruine. Nous verrons que l'apparition d'une iconographie photographique du chantier au milieu du XIXe siècle a d'abord été la conséquence d'une instrumentalisation politique, dans une société en crise quant à son passé et son patrimoine architectural.

Destruction & conscience patrimoniale

La France de la fin du XVIIIe siècle et du début du XIXe siècle a connu deux types de révolutions majeures qui eurent une influence notable sur l'accélération des destructions et des reconstructions urbaines. Une révolution d'ordre politique et une révolution industrielle, qui conduisirent à de grandes destructions, à la fois symboliques et urbanistiques.

Les événements successifs de la Révolution de 1789 bouleversèrent radicalement le sort du patrimoine architectural français. Le coup d'envoi fut lancé dès novembre 1789 avec la nationalisation des biens du clergé, qui mit aux mains de la Nation l'ensemble des édifices religieux : églises, couvents… Se posa alors la question du sort réservé à ces édifices, qui dans l'imaginaire collectif portaient les vestiges symboliques d'un Ancien Régime à éradiquer. À la suite de la prise de la Bastille le 14 juillet 1789, les destructions des monuments symboles de la monarchie se multiplièrent, d'abord de façon sauvage puis de façon systématique avec le soutient de l'Assemblée Constituante. Le 4 juillet 1793 la municipalité de Paris lança un appel à la destruction de tous les attributs de la royauté, dont la mutilation des tombeaux royaux à l'Église de Saint-Denis fut l'exemple le plus marquant. Les biens de la couronne, également nationalisés, constituaient un huitième de Paris, et posèrent de grandes questions de réaménagement du territoire français, voire du remplacement des édifices détruits.

Cette vague de destruction massive, principalement symbolique, a renforcé la politique de grandes destructions urbanistiques qui avaient déjà vu le jour au cours du XVIIIe siècle et qui se développa par la suite avec la révolution industrielle. Dès le milieu du XVIIIe siècle de nombreuses opérations de voirie avaient été lancées, selon les préceptes des Lumières. Après 1789 de grandes voies sont tracées à travers les biens nationalisés. Dans les villes de province, de nombreuses églises sont rasées pour ouvrir des places, et les considérations patrimoniales n'entrent pas en compte, se sont principalement les nécessités foncières qui font loi. La destruction devient une véritable industrie, et de nombreuses méthodes de destruction apparaissent, notamment celle de l'architecte Louis-François-Petit Pradel qui en 1800 propose au Salon de l'an VIII un dessin illustrant une méthode de destruction d'une église gothique par le moyen du feu.

Les acteurs de ces destructions massives ne sont alors pas conscients de la valeur artistique et patrimoniale des édifices. La prise de conscience va naître progressivement du côté des élites intellectuelles, des hommes de lettres et des artistes. La période révolutionnaire cristallise une contradiction encore d'actualité aujourd'hui, prise entre une destruction nécessaire au développement des villes et la sauvegarde souhaitée du patrimoine. C'est d'ailleurs à cette époque que les grandes notions de « patrimoine » et de « vandalisme » apparaissent : en 1790 le mot « patrimoine » est utilisé pour la première fois en France avec un sens extrafamilial, dans une pétition adressée à l'Assemblée Constituante par François Puthode de Maison-Rouge (il s'agissait pour lui de convaincre les émigrés de faire de leur patrimoine familial un patrimoine national). Cette extension au patrimoine public découle directement de la situation révolutionnaire : la notion de patrimoine national n'est plus rattachée à la figure du roi mais à celle de la Nation dans son ensemble. Jusqu'à la seconde moitié du XXe siècle elle couvre principalement les monuments architecturaux. Comme le soulève Dominique Poulot dans son ouvrage sur le patrimoine en occident[20], les destructions massives des symboles de l'Ancien Régime ont ouvert un débat chez les intellectuels, et en 1792 Rabaut de Saint-Etienne, ancien député du Tiers État élu président à l'Assemblée constituante de 1790, défend l'utilité des monuments du passé et de l'Histoire pour deux raisons : tout d'abord celle « d'instruction publique qui éclaire et exerce l'esprit », puis celle « d'éducation nationale qui doit former le cœur ». Dominique Poulot analyse dans ces propos le caractère anhistorique de l'autorité révolutionnaire, qui ferait du patrimoine une « forme de réorganisation rationnelle des ressources pour la collectivité nouvelle[21] ». Une autre figure majeure de ces débats autour de la naissance d'une conscience patrimoniale nationale est l'abbé Henri Grégoire. Ce prêtre révolutionnaire, qui a cherché à concilier religion et politique en des temps où cela semblait impossible, s'est insurgé contre le « vandalisme », néologisme dont il « créé le mot pour tuer la chose » en 1794.

Ce qui est finalement important dans le cadre de la Révolution française et du début du XIXe siècle, c'est la prise de conscience de ces destructions. Une prise de conscience de double nature : patrimoniale et spéculative. La conscience spéculative conduit à l'accélération du

[20] Dominique Poulot, *Une histoire du patrimoine en occident*, Paris, PUF, 2006.
[21] *Ibid.*, p. 42.

processus de reconstruction et de réaménagement de la ville, même si nous sommes encore loin de ce que l'on appellera sous le 2nd Empire « le grand œuvre » des percées haussmanniennes. Ceci s'inscrit dans un mouvement de naissance de l'urbanisme déjà amorcé au cours des décennies précédentes et qui répond aux théories hygiénistes héritières des Lumières. La révolution de 1789 entraîne la France dans une succession de bouleversements politiques qui se retranscrit à travers les mutations urbaines et conduit à une prise de conscience à la fois économique, politique et sociale de la ville en perpétuelle reconstruction. C'est la période où les chemins de fer se développent, la société industrielle explose, et la foi en la notion de progrès, héritée des Lumières, devient le nouveau mot d'ordre.

Cependant, comme nous l'avons soulevé plus tôt, cette approche prospective et utopique de la ville s'installe en même temps que se développe une conscience patrimoniale et historique de la ville.

Chantier & photographie, naissance d'une iconographie

Chantier & photographie : le temps de la machine

C'est dans ce contexte de développement industriel et de prise de conscience patrimoniale qu'est apparue la photographie, synthèse entre deux forces qui semblaient alors se faire face : progrès et mémoire. Les historiens et théoriciens de la photographie s'accordent à la considérer comme un fruit technologique de la société industrielle, voire comme son image même : « Aussi la société industrielle a-t-elle été pour la photographie sa condition de possibilité, son principal objet, et son paradigme[22] », écrit André Rouillé. Avec la photographie, la machine se substitue à la main pour capturer le réel grâce à un procédé chimique. Les débats qui ont opposé partisans et détracteurs de la photographie ont été nombreux, à travers

[22] André Rouillé, *La photographie : entre document et art contemporain,* Paris, Gallimard, 2005, p. 30.

le très schématique face à face entre art et technique, mais c'est finalement en s'éloignant du domaine des arts tels que la peinture qu'elle a d'abord réussi à conquérir sa légitimité, en tant qu'image-machine, outil documentaire. C'est ainsi qu'elle devient très vite l'outil de prédilection pour capturer la ville industrielle, d'abord parce qu'à ses débuts elle nécessite un long temps de pause et une bonne luminosité que le paysage urbain rend possible. Mais comme le soulève encore André Rouillé, cet aspect technique est réducteur puisque « l'essentiel est ailleurs : [...] dès ses premiers instants la photographie se révèle être éminemment urbaine [...] par sa précision plus adaptée aux formes urbaines (arêtes aiguisées, angles droits, lignes droites)...[23] »

Faire l'inventaire des monuments d'une ville et de ses transformations au moyen des techniques de dessin était quasi impossible au vu de la rigueur scientifique et de la rapidité escomptée (cet inventaire se rapprochant plus d'un compte rendu pittoresque) alors que la photographie le rendait possible. Eugène Viollet-le-Duc lui-même, dans son *Dictionnaire raisonné de l'architecture française du XIe au XVe siècle,* reconnaît que « la photographie présente cet avantage de dresser des procès-verbaux irrécusables et des documents que l'on peut sans cesse consulter[24] ». C'est ainsi que sont nées les premières grandes missions héliographiques, visant d'abord à garder des traces des monuments avant leur destruction, puis progressivement à documenter les étapes de destruction et de reconstruction elles-mêmes, constituant ainsi un premier corpus iconographique des chantiers.

En 1851 a lieu la première grande Mission Héliographique commanditée par la Commission des Monuments historiques, première commande publique qui visait à photographier une liste précise de sites, répondant ainsi au projet d'inventaire des monuments souhaité depuis plusieurs années. Les grands noms du début de la photographie y figurent : Édouard Denis Baldus, Augustin

---

[23] *Ibid.*, p. 32.

[24] Eugène Viollet-le-Duc, *Dictionnaire raisonné de l'architecture française du XIe au XVe siècle* (1856), Paris, F. de. Nobole, 1967.

Hippolyte Collard, Henri Le Secq… Mais cette première commande publique, qui a conduit à la réalisation de 300 clichés et a fortement contribué à la diffusion de la photographie d'architecture, se cristallisait autour d'une représentation historique et patrimoniale de l'architecture des temps antiques et médiévaux, en s'attardant finalement assez peu sur la ville contemporaine et ses grandes mutations industrielles. L'imprimerie photographique de Blanquart-Evrard, ouverte près de Lille en cette même année 1851 s'est également faite connaître par la réalisation d'un grand corpus sur l'art occidental. Charles Marville eut en charge la partie qui concernait le patrimoine architectural religieux de l'Europe de l'Ouest. Si la photographie ne pouvait trouver sa légitimité en tant que medium artistique, elle s'attela d'abord, au vu de sa spécificité documentaire, à servir et à rendre compte du patrimoine artistique.

Il fallut attendre la fin des années 1850 pour que les architectes et ingénieurs, acteurs de la ville contemporaine, y voient un outil indispensable à la réalisation de leurs travaux. En 1857, l'École des Ponts-et-Chaussées intègre à son programme un enseignement photographique, jugé nécessaire à la bonne formation de l'ingénieur. En effet, par sa rapidité et sa reproductibilité à l'infini, elle se juxtapose progressivement au dessin d'architecture traditionnel qui est un travail long et onéreux. Albert Fernique fut probablement un des photographes les plus actifs en réponse aux commandes de reproductions de dessins d'architectes. La photographie de travaux apparut plus tardivement, car malgré sa précision mécanique elle était soumise aux déformations optiques de la chambre noire, manquant ainsi de fiabilité pour le calcul des échelles et par conséquent inutilisable techniquement pour la construction. Son intérêt était ailleurs.

Ainsi, la photographie de chantier ne fut pas une demande qui émana des ingénieurs, mais plutôt des commanditaires des travaux, dans la lignée des missions héliographiques. Après un intérêt historique et patrimonial, tourné vers le passé, la photographie revêt un intérêt prospectif, dont le sujet est la ville contemporaine en mutation. Les autorités politiques vont par le biais des commandes photographiques chercher à promouvoir la société moderne et la notion de progrès chère à l'industrialisation. Auguste Hippolyte Collard, photographe officiel de l'administration des Pont et Chaussées depuis 1857, se lance alors dans la réalisation de nombreux albums sur les travaux publics, conçus sous la forme de reportages montrant l'évolution de différents chantiers entrepris à Paris. Ses sujets de prédilections furent la reconstruction des ponts et des barrages: le pont St Michel (1857), le pont Solférino (1859) ou encore le Pont de Grenelle qu'il photographie en 1874. Aux environs et à l'extérieur de Paris il s'intéresse aussi aux réseaux de chemins de fer, symbole de la révolution industrielle française, avec notamment le chemin de fer du Paris-Genève. L'autre précurseur français en la matière, qui avait d'ailleurs participé à la Mission Héliographique de 1851, fut Édouard-Denis Baldus qui réalisa un reportage sur le chemin de fer de Paris à Lyon et à la Méditerranée ou encore sur le chemin de fer du Nord. Parallèlement à la photographie de portrait qui trouve son essor au XIXe siècle, la photographie technique et industrielle se développe considérablement et lister de façon exhaustive tous les noms des photographes qui s'y attèlent n'aurait pas un grand intérêt. Souvent, les photos sont même anonymes, et portent le nom du Studio qui gère la reproduction et la commercialisation des clichés.

C'est le cas de l'important Studio Chevojon, d'abord célèbre atelier « Delmaet et Durandelle » créé en 1861 avant d'être racheté par Paul-Joseph-Albert Chevojon en 1886. Louis-Émile Durandelle et Hyacinthe Delmaet créent un atelier à Paris dont l'activité principale est la reproduction artistique industrielle et commerciale. Ils contribuèrent à établir une importante documentation sur les transformations de Paris sous le Second Empire, notamment sur la construction de l'Opéra réalisé par Charles Garnier, achevée en 1875.

Une iconographie du pouvoir

Dans son ouvrage *La photographie*, si André Rouillé postule comme nous l'avons évoqué précédemment que « la photographie est éminemment urbaine », il ajoute que « la photographie ne voit alors de la ville que la scène du pouvoir : les monuments qui l'ancrent dans le passé, et les grands travaux urbains qui la projettent dans l'avenir[25] », précisant que « dans sa phase documentaire, la photographie a été amplement rangée du côté des pouvoirs pour en figurer abondamment les représentants, les lieux, les emblèmes, les actes…[26] ». Pour illustrer son propos il prend l'exemple de la commande faite à Charles Marville par le baron Haussmann dans le cadre de son grand projet de transformation de la ville de Paris, initié par Napoléon III après son voyage à Londres entre 1846 et 1848. Ce projet urbain ambitieux suivait alors deux axes principaux : évacuer le terrain autour des grands édifices et améliorer l'hygiène de la ville par la destruction systématique des petites ruelles. Charles Marville se lance donc dans ce vaste projet photographique. Il se fait par exemple le témoin du Percement du boulevard Henri IV et de l'ouverture de l'avenue de l'Opéra. Comme pour Durandelle le travail de Marville répond à une commande, ici publique, et chez les deux photographes le chantier urbain est avant tout un sujet documentaire et technique, et non artistique.

Le chantier urbain se révèle-t-il en tant qu'iconographie du pouvoir ? Du point de vue de sa commande, cela est certain, mais le propos d'André Rouillé serait peut-être à nuancer lorsqu'il affirme que « la vie des rues tortueuses promises à la destruction par le baron Haussmann lui [la photographie] reste étrangère, ou elle n'en retient, chez Marville, que des spectres[27] ». Une analyse attentive des photographies de Marville révèle une composition toujours à peu près semblable : une vue assez large, proche de la peinture de paysage, où l'alignement des

[25] André Rouillé, *op. cit.*, p. 54.

[26] *Idem.*

[27] *Idem.*

façades d'immeubles creusent l'espace en une diagonale qui se perd vers le lointain. L'angle de prise de vue se place généralement au centre de la chaussée qui suit la chaîne des façades, et au centre toujours les gravas témoins des destructions. Le paysage d'ensemble prévaut finalement sur le bâtiment détruit, voire sur l'acte de réaménagement lui-même, et si la commande passée par le baron Haussmann auprès de Marville entendait mettre à l'honneur et glorifier les grands changements urbains de la ville de Paris, les photographies révèlent plutôt une esthétique pittoresque. Dans ses photographies de l'avenue de l'Opéra, la vue en contre-plongée confère même aux bâtiments en destruction un statut de vestige proche de celui des ruines antiques, qui pourrait rappeler au spectateur la grandeur du forum de Rome. Le message qui se dégage de la série des clichés de Charles Marville est-il celui d'une « scène du pouvoir » avec « de grands travaux urbains qui le projettent dans l'avenir[28] » ? Peut-être qu'au contraire, le pouvoir y apparaît plus comme destructeur que comme bâtisseur. Avant de se consacrer à la photographie, Charles Marville fut peintre et illustrateur. Il travailla notamment avec Charles Nodier pour l'illustration de son récit pittoresque sur *La Seine et ses bords*, publié en 1836. Il a donc participé pendant un certain nombre d'années à la veine littéraire romantique du récit de voyage pittoresque qui s'est développée dans la première moitié du XIXe siècle et dont le message était plutôt la sauvegarde du patrimoine architectural.

Chantier & photographie : un lien paradigmatique

Dans un tout autre style, les photographies de Durandelle, sans la prétention, du moins avouée, de leur caractère artistique, révèlent un goût pour les jeux de lumière et la géométrisation des formes qui leur confère une esthétique éminemment contemporaine, proche de ce que sera plus tard le travail des artistes constructivistes, ou du Bauhaus. Aux vues panoramiques des bâtiments il préfère les cadrages serrés, dont le sujet semble finalement

---

[28] *Idem.*

ne pas être le monument édifié mais bien tout l'appareillage technique qui l'entoure et l'habite, toute « cette vermine qui [le] dévore[29] », pour reprendre l'expression de Victor Hugo. Pas d'horizons dans ces paysages de fer et d'acier où les échafaudages font barrage au regardeur. Dans ses clichés de la Construction du Comptoir d'Escompte, réalisés entre 1880 et 1881, les lignes verticales, horizontales et obliques créent un réseau de formes abstraites dont les lignes de force sont soulignées par le traitement de la lumière, procédé qui se retrouve dans ses photographies de la Tour Eiffel en construction. C'est bien plus l'espace de vides et de pleins créé par les échafaudages qui importe que le bâtiment en construction.

Se pose déjà ici ce qui nous semble constituer un des enjeux majeurs de l'esthétique de la photographie de chantier urbain, prise entre construction et déconstruction du paysage. De la construction urbaine à la construction de l'image, le vocabulaire formel du chantier (étaiements, engins, grues, gravats…) a ouvert un champ des possibles aux photographes, par jeux de cadrage, d'échelle, de profondeur, autant d'outils de géométrisation et de rationalisation du réel. À travers la rigueur du regard photographique, l'insaisissable fluctuation du monde est ainsi mise à l'épreuve d'une ontologie fixiste. Indice visible de l'entropie inéluctable du monde, il n'est pas seulement objet de construction mais aussi de déconstruction du paysage, de son éclatement. Le sujet met à mal le travail de cadrage, s'étend dans le hors champ. Les tas de gravats, matière amorphe, font écran à la vue et altèrent les perspectives. Le regard est décentré, se perd dans la marge du réel et de l'image.

Se joue ici un des paradoxes majeurs de l'image photographique du chantier : celui de tenter de « fixer » un réel en perpétuelle mutation. Nous sommes face à ce que François Soulages définit dans son *Esthétique de la photographie*[30] comme *l'impossible photographique* qui,

---

[29] Victor Hugo, « Guerre aux démolisseurs », Paris, in *Revue des Deux Mondes*, tome 5, p. 612.

[30] François Soulages, *Esthétique de la photographie*, Paris, Nathan, 1999.

paradoxalement, conduit à la photographie, dans un désir inassouvissable de fixation du réel qui ne pourra jamais être vraiment atteint.

Chapitre 2

Chantier & avant-gardes

Le caractère destructeur ne connaît
qu'un seul mot d'ordre : faire de la place ;
qu'une seule activité : déblayer [...]
Le caractère destructeur est toujours d'attaque.
Indirectement du moins,
c'est la nature qui lui prescrit son rythme.
Walter Benjamin[31]

Le caractère destructeur moderniste

L'apparition de la photographie a ainsi conduit à la création d'une iconographie prolifique du chantier urbain, vecteur à la fois d'une imagerie documentaire sur les transformations urbaines de la période industrielle, mais aussi et plus largement d'une imagerie moderniste, témoin d'un nouveau rapport au passé et à la ville. Plus que faire trace d'un passé en voie de disparition, certaines photographies de chantier de la fin du XIXe siècle, telles que celle de Louis-Émile Durandelle, annoncent la pensée moderniste des avant-gardes artistiques, à travers un culte

[31] Walter Benjamin, *Œuvres complètes*, Tome II, Paris, Gallimard, p. 330.

des formes industrielles, une foi en la machine et en la notion de progrès.

Dans un court texte publié en en 1931, Walter Benjamin analyse cette propension à faire table-rase du passé à travers ce qu'il nomme *le caractère destructeur*[32], « jeune et enjoué[33] », pour qui « rien n'est durable[34] », et dont « le besoin d'air frais et d'espace libre est plus fort que toute haine[35] ». Le *caractère destructeur* est symptomatique du paradigme de la destruction créatrice qui touche la société occidentale de l'entre-deux-guerres, dont l'architecture et l'urbanisme sont parmi les témoins les plus évidents. Dans une lettre à Adorno, tandis que son texte est en train d'être traduit, Walter Benjamin écrit :

> Cette distance m'a fait découvrir en lui un élément que je verrais avec plaisir accéder à une certaine horreur: l'urbanité cannibale, une attitude précautionneuse et circonspecte dans la destruction, qui trahit, j'espère, quelque chose de l'amour de ces choses.[36]

Le chantier urbain, par la violence de ses moyens, violence esthétique qui déchire la régularité, l'ordre et la totalité des villes, ou encore violence sonore de ses machineries, se révèle comme symbole visuel de cette « urbanité cannibale », qui semble, avec ses grues, ses couleurs criardes et ses échafaudages, dévorer la ville en même temps qu'il l'édifie. En outre, si l'esprit romantique du XIXe siècle voyait dans la nature la menace transcendantale de l'existence humaine, le basculement moderniste du XXe siècle qui s'inscrit dans l'héritage rationaliste des Lumières perpétue un autre mythe, celui de l'homme « comme maître et possesseur de la nature[37] », fort

---

32 Walter Benjamin, « Le caractère destructeur », in *Œuvres complètes*, Tome II, Paris, Gallimard, pp. 330-332.

33 *Ibid.*, p. 331.

34 *Idem.*

35 *Idem.*

36 Walter Benjamin, *Œuvres complètes*, Tome I, Paris, Gallimard, p. 42.

37 René Descartes, *Discours de la méthode (6ème partie)* (1637), Paris, Gallimard, Bibliothèque de la Pléiade, 1966, p. 168.

de sa prétendue transcendance, et qui devient dans un même temps sa propre menace. Toujours dans « Le caractère destructeur », Walter Benjamin soulève cette toute puissance de l'homme : « Indirectement du moins, c'est la nature qui lui prescrit son rythme ; car il doit la devancer. Faute de quoi, elle se chargera elle-même de la destruction[38] ». La destruction comme création, qui se révèle comme nouveau paradigme de la modernité en ce début de XXe siècle, touche toutes les grandes avant-gardes artistiques, qui s'appuient pour beaucoup sur l'effervescence urbaine, la ville moderne devenant une source d'inspiration majeure pour les artistes. Rappelons d'ailleurs que Walter Benjamin se montrera plus que sceptique quant à cette propension au culte de la destruction par les avant-gardes artistiques, notamment en ce qui concerne le mouvement futuriste qu'il critiquera largement dans *L'œuvre d'art à l'époque de sa reproductibilité technique* :

> L'humanité, qui jadis avec Homère avait été objet de contemplation pour les Dieux Olympiens, l'est maintenant devenue pour elle-même. Son aliénation d'elle-même par elle-même a atteint ce degré qui lui fait vivre sa propre destruction comme une sensation esthétique « de tout premier ordre ». Voila où en est l'esthétisation de la politique perpétrée par les doctrines totalitaires.[39]

Conscients de cette ambiguïté politique et morale du propos futuriste, nous nous en tiendrons ici à une analyse de l'utilisation du motif du chantier dans la peinture des avant-gardes, qui dépasse la symbolique destructrice de l'esthétique moderniste pour interroger le processus créatif même.

---

[38] Walter Benjamin, *op. cit.*, p. 331.

[39] Walter Benjamin, *L'œuvre d'art à l'époque de la reproductibilité technique*, Paris, Allia, 2003.

Chantier & futurisme

Le futurisme est probablement un des mouvements artistiques où l'impact de la ville sur la création fut le plus évident. Des architectes se sont même rattachés au mouvement, à l'image de Sant'Elia qui rédige le Manifeste de l'architecture futuriste en 1914, texte dans lequel il présente le projet de la Città Nuova, décrite comme « la ville moderne à l'image d'un immense chantier tumultueux, agile, mobile, dynamique de toutes parts ». Le motif du chantier urbain est récurent dans les écrits futuristes, et ce dès les fondements littéraires du mouvement. Avant même la publication du Manifeste du futurisme de 1909, Tommaso Marinetti publie un triptyque poétique : *La Conquête des étoiles* (1902), *Destruction* (1904) et *La ville charnelle* (1908), texte dans lequel il dépeint une ville animées par des grues colossales, vastes figures titanesques :

> [...] près de moi, en des buées de cauchemar
> les Grues lentes ramonent,
> de leur grand col de bronze fatidique,
> les profondeurs de l'horizon transies de peur.
> Et leur goitre raclé et cliquetant de chaînes
> déchaîne, d'heure en heure, la frayeur blanche
> de ses longs hurlements gutturaux de vapeur[40]

Rappelons que dans son analyse du chantier comme « négatif de la ruine » dans l'art moderne, Michel Makarius s'appuie justement sur le mouvement futuriste et sur ses écrits :

> L'échafaudage symbolise notre brûlante passion pour le devenir des choses. Fi des choses réalisées et construites, bivouacs de sommeil et de lâcheté ! Nous n'aimons que l'immense échafaudage, mouvant et passionné, que nous saurons consolider à chaque instant, toujours différemment, selon les allures changeantes des rafales, avec le rouge ciment de nos corps pétris de volonté.[41]

---

[40] Filipo Marinetti, *Destruction : poèmes lyriques* (1923), Paris, Ulan Press, 2012.
[41] Michel Makarius, *op. cit.,* p. 212.

Si le chantier est un motif conceptuel pour les futuristes, symbole d'un *caractère destructeur* moderniste, l'étude du corpus non plus simplement littéraire mais plastique de ce mouvement d'avant-garde révèle une récurrence de sa représentation, notamment dans la peinture d'Umberto Boccioni et de Giacomo Balla, qui conduit à une problématisation du processus créatif.

Umberto Boccioni

À partir de 1908, soit dès les débuts de sa pratique picturale, Umberto Boccioni intègre à ses compositions un motif de maison en construction, généralement placé en arrière plan. La première occurrence connue apparaît dans une gravure de petit format à la pointe sèche, intitulée *Periferia,* qu'il réalise en 1908. Dans le fond à droite, se détache la silhouette d'une bâtisse d'où dépassent les baliveaux d'un échafaudage. Le même élément figuratif se retrouve dans une huile sur toile qu'il réalisa en 1909, intitulée *Crepuscolo*, affublé de grandes perches pointées vers le ciel. Là encore, deux maisons en chantier sont représentées dans un paysage plutôt sombre, brumeux, associées à une zone urbaine périphérique en construction. Il apparaît encore dans *Officine a Porta Romana*, sur la droite de la composition. Ce motif, ainsi repris dans différentes toiles, devient un leitmotiv dans les œuvres de la première période de l'artiste, comme une signature. Nous le retrouvons d'ailleurs dans un autoportrait qu'il réalise en 1908, conservé à la Pinacothèque de Milan. Dans cette huile sur toile, l'artiste s'est représenté sur la partie droite au premier plan, palette à la main et regard vers le spectateur. Il est encadré sur sa gauche par un pan de mur nu qui fait écho à l'arrière-plan de la partie gauche de la composition où sont représentés de petits immeubles à quatre étages, dans un paysage relativement vide, qui semble être situé dans une zone périurbaine en construction. Au centre à gauche, un des bâtiments est recouvert d'échafaudages. Sans aucun doute, la maison en construction est dans l'œuvre de Boccioni le symbole de la ville en transformation, de son extension. L'artiste privilégiait les zones périphériques, encore éloignées de l'effusion urbaine du centre des grandes villes, qui présentaient des paysages assez vides, parsemés de champs et de terrains vagues, dans l'attente d'être investis. Plus que l'effervescence rythmée et bruyante de la ville, c'est ici le thème de la rencontre entre nature et civilisation qui occupe l'artiste.

Le fait qu'Umberto Boccioni ait introduit le motif de la maison en construction dans son autoportrait le plus célèbre induit un dépassement de sa valeur symbolique première, et soulève la question du travail de l'artiste, de l'acte créateur. Ce motif apparaît à nouveau en 1910 dans une de ses œuvres majeures, *La ville se lève*, aujourd'hui conservée au MOMA à New York. C'est la dernière œuvre connue où Boccioni représente une maison en construction, et c'est aussi celle qui constitue un basculement dans le travail de l'artiste, qui semble avoir pleinement trouvé l'originalité de sa technique picturale et s'être définitivement détaché du divisionnisme et de la figuration, encore très présents à ses débuts. Sur cette toile emblématique du travail de Boccioni, et plus largement du mouvement futuriste, des chevaux se déchaînent au premier plan emportant avec eux des hommes qui tentent de les retenir. L'arrière-plan laisse entrevoir des bâtiments dont les façades sont recouvertes d'échafaudages. Il s'agit probablement d'un quartier en construction, dans la banlieue de Milan. Il y a dans la composition de cette œuvre un fort contraste entre les grandes courbes que forment les chevaux dans leur élan et la verticalité des lignes constituées par les échafaudages que viennent souligner quelques cheminées d'usines. De même, ce contraste est renforcé par la touche de l'artiste qui se fait beaucoup plus vibrante au premier-plan, tandis qu'à l'arrière-plan les maisons en constructions sont traitées de façon plus figurative et réaliste, dans la veine de ses œuvres antérieures. C'est la dernière œuvre de l'artiste où l'on retrouve ce motif, pourtant récurent dans les débuts de son travail, peut-être parce qu'après avoir atteint son style futuriste il n'a plus besoin du motif symbolique de la maison en construction pour rendre compte de « l'élévation de la ville ».

Néanmoins, dans une œuvre comme *La strada entra nella casa,* réalisée en 1911, le mouvement de la ville est rendu par une décomposition géométrique, une multiplication des points de vue et un vacillement des formes que viennent renforcer les éléments verticaux qui scandent l'espace de la même manière que les lignes droites des échafaudages. Peut-être pouvons nous ici avancer que si le motif du chantier n'apparaît plus de façon symbolique et figurative dans les œuvres de la période dite futuriste d'Umberto Boccioni, nous le retrouvons de façon plus abstraite à travers certains éléments qui participent de la décomposition vibrante du mouvement.

Giacomo Balla

Giacomo Balla, qui au début du XXe siècle était proche tant dans sa pratique que dans sa vie des artistes divisionnistes français (il a effectué un voyage à Paris en 1900), s'est intéressé très tôt à l'idée de progrès, aux zones industrielles et aux milieux ouvriers. Il est certain que son diptyque *La journée d'un ouvrier*, réalisé en 1904, a inspiré les toiles d'Umberto Boccioni que nous venons d'évoquer. Chacune des parties du tableau représente un bâtiment en chantier habillé d'une grille d'échafaudages. La maison ici n'est pas un « motif » indicatif qui anime l'arrière-plan de la toile, tel que nous l'avons vu précédemment chez Umberto Boccioni, mais elle est le sujet même de l'œuvre. Présentée sous différents angles et à différents moments de la journée, une à l'aube et une au crépuscule, elle supplante la Cathédrale de Rouen chère à Monet pour devenir le symbole manifeste d'une nouvelle ère du monde, mais également d'une nouvelle ère de la peinture. Aux maîtres bâtisseurs des temps anciens, Balla et ses élèves préfèrent les bâtisseurs des temps nouveaux. Dans une toile intitulée *La città che avanza*, datée de 1942, nous retrouvons encore une fois ce motif figuratif, qui disparaîtra par la suite des grandes compositions pour n'apparaître que dans de petits croquis, se révélant comme une véritable base de travail.

Les constructeurs de Fernand Léger

Si, comme le note Michel Makarius, le futurisme est le mouvement d'avant-garde où la représentation du chantier en tant que symbole moderniste est la plus évidente, l'œuvre de Fernand Léger est également significative. Installé à Paris dès 1903, il a d'abord suivi des études en architecture et aux Arts décoratifs. Dès ses premières toiles et dessins il s'intéresse à des sujets tels que les moteurs, la ville, l'industrialisation, et se détache de ses premières influences impressionnistes, pour chercher un style pictural propre qui puisse rendre compte de la frénésie urbaine qui l'entoure. Sa découverte de Cézanne en 1907, à l'occasion de la grande rétrospective au Salon d'Automne sur l'artiste décédé un an plus tôt, va constituer un tournant majeur dans sa recherche plastique. Elle s'appuiera alors sur les préceptes du maître pour qui la nature doit être traitée par le cylindre, la sphère et le cône. Ainsi ses premières représentations de Paris dans les années 1910 témoignent d'une double influence cubiste et cézannienne, où les toits des maisons et des immeubles deviennent prétextes à des compositions synthétiques réalisées par des agencements et des superpositions de lignes et de formes géométriques. Il s'attache dans sa peinture à rendre compte de ce qu'il nomme des « contrastes de formes », à travers un sens aigu de la composition et de la couleur où chaque élément vient s'opposer à un autre. Cette recherche formelle le conduit à partir de 1913 à réaliser une série de toiles abstraites, dans lesquelles il développe son vocabulaire pictural, avec cette forme tubulaire caractéristique que l'on retrouvera par la suite à la base de toutes ses compositions. Paradoxalement, lorsqu'il est appelé au front en 1914, l'expérience douloureuse de la guerre ne le freine pas dans sa recherche picturale, qui va prendre un nouveau tournant: « Il n'y a pas plus cubiste qu'une guerre comme celle-là, qui te divise plus ou moins proprement un bonhomme en plusieurs morceaux et qui te l'envoie aux quatre coins cardinaux[42] ».

---

[42] Cat. d'exp. « Les constructeurs à l'aloès », sous la direction de Pierre

Il dessine ainsi régulièrement les conséquences destructrices de la guerre : cadavres en morceaux, villes en ruines et formes déchiquetées fondues dans la boue et les cendres. Mais surtout, c'est sur le front que son intérêt pour l'objet se révèle, notamment pour les objets mécaniques, produits de l'industrialisation : « Je fus ébloui par une culasse de canon de 75 ouverte en plein soleil, magie de la lumière sur le métal blanc... Quand j'ai mordu dans cette réalité, l'objet ne m'a plus quitté[43] ». En effet, les maillages mécaniques qu'il décompose dans ses toiles témoignent d'une technique très synthétique, composée de formes tubulaires enchevêtrées les unes aux autres, où formes humaines et éléments mécaniques se fondent sans hiérarchie. Hommes, mécanique et modernité sont toujours très liés dans ses toiles, la modernité se faisant révélatrice d'un lien entre les hommes, et l'univers visuel que constitue l'industrialisation urbaine revêt une esthétique, une nouvelle forme de sensibilité, aussi bien accessible à l'artiste d'avant-garde qu'aux gens du peuple. Ces contrastes de formes qu'il élabore parfois de façon très abstraite sur la toile, il les retrouve aussi quotidiennement dans le paysage urbain moderne, avec les affiches, les couleurs vives, ou encore la multiplication de signaux visuels et sonores. À ce propos, Blaise Cendrars, ami proche de l'artiste, écrit dans *Art et Spectacle* en 1954 :

> Neuf fois sur dix, on avait rendez-vous place Clichy et je ne sais pas pourquoi la place Clichy toute entière était garnie d'échafaudages. On y refaisait tout, le Wepler notamment. Partout il y avait des affiches, Léger regardait cela et je crois que c'est là qu'est née sa période mécanique avec ces maisons, ces affiches, ces symboles topographiques.[44]

Zvenigorodsky et Fernand Léger, Bobigny, Maison de la Culture en Seine-Saint-Denis, Bobigny, Éd. Maison de la Culture en Seine-Saint-Denis, 1983, p. 12.

[43] *Ibid.*, p. 14.

[44] Dorothy Kosinsky, *Fernand Léger : le peintre de la vie moderne, 1911-1924,* Paris, Flammarion, 1994, p. 77.

Fernand Leger rédige en 1923 *L'esthétique de la machine, l'ordre géométrique et le vrai*, où il écrit que « cherchant l'éclat et l'intensité, [il] s'est servi de la machine comme il arrive à d'autres d'employer le corps ou la nature morte. [...] On ne doit jamais être dominé par le sujet[45] ». C'est précisément son retour du front qui marqua le début des œuvres représentant des chantiers de construction. Ainsi, en 1919 il réalise *L'échafaudage*, qui se révèle être un sujet lui permettant d'expérimenter des contrastes de formes et de couleurs, dont la forme tubulaire reste la principale. Il joue avec l'éclairage des éléments métalliques et l'imbrication des pièces les unes dans les autres. Il s'intéresse de près à l'architecture et connait bien Le Corbusier, avec qui il participe au Congrès international des architectes modernes (CIAM) en 1933 à Athènes. En 1924, il reçoit la commande d'une grande toile pour la salle de physique du Palais de la Découverte qui sera exposée dans le cadre de l'exposition internationale de 1937. Il réalise alors *Le transport des forces* où il représente le cycle naturel de l'eau sur la partie droite de l'œuvre, composée d'un arc-en-ciel et de formes atmosphériques bleues et blanches évoquant des nuages ou des flaques d'eau qui se détachent sur un fond sombre. Un large torrent d'eau divise la composition et sur la gauche apparaît une grande construction en poutres métalliques, probablement une usine de production hydraulique. Fernand léger représente cet édifice moderne par un réseau de formes géométriques imbriquées les unes aux autres, auxquelles renvoie au premier plan à droite une élévation verticale métallique, et qui annonce déjà le traitement esthétique des échafaudages de chantier qu'il entreprend quelques années plus tard avec la série des constructeurs. Il commence la série des Constructeurs en 1949, après son voyage à New-York où il s'est rendu durant la Seconde Guerre mondiale. Cette série, qui représente des ouvriers sur un échafaudage de chantier, est généralement assimilée au renouveau de l'après-guerre,

[45] Fernand Léger, *L'esthétique de la machine, l'ordre géométrique et le vrai* (1923), Paris, Gallimard, Folio essai, 2009, p. 103.

symbolisant ainsi une société qui, après la dévastation, se lance dans la reconstruction. En outre, son adhésion au parti communiste français vient confirmer cette analyse et explique l'importance qu'il accorde à la classe ouvrière dans son travail. Mais déjà, avant la série des Constructeurs, il réalisa entre 1946 et 1950 des variations autour d'éléments de constructions représentés sur un fond de ciel où se déploient d'étranges nuages.

Considérons par exemple deux versions d'un même motif : la première, *Construction et nuage,* réalisée en 1946 et la seconde, *Paysage sur fond bleu*, réalisée en 1947. Dans ces deux versions nous observons la même structure d'échafaudages, rattachée à un élément porteur sur la gauche de la composition, d'où se déploient en rhizome différents éléments de ferraille, suspendus les uns aux autres dans un équilibre précaire. Au fond de la composition à droite, un large élément vertical rectangulaire, semblable à une tour d'usine et, entre elle et la structure, des formes nuageuses dont les excroissances ondulatoires contrastent avec le caractère rectiligne de l'échafaudage. Comparer les deux versions, qui sont tout de même assez proches, permet de comprendre la démarche de Fernand Léger. La deuxième version est moins déséquilibrée que la première et les éléments métalliques sont mieux répartis sur la droite de la composition et remplissent ainsi le vide imposant laissé en bas à droite dans la première version.

Il apparaît ainsi que le motif du chantier, avant d'être un symbole politique et social, est tout d'abord un élément de composition des toiles, qui lui permet de développer sa technique des « contrastes de formes ». L'usage du gros plan prolonge cette recherche plastique, au plus près de l'objet, dont il transcende la banalité : « Un bouton de faux col, placé sous le projecteur, grossi cent fois, devient une planète irradiante[46] ». Dans un œuvre comme *Eléments mécaniques sur fond jaune*, réalisée en 1950, l'artiste figure en gros plan une poutre métallique centrale d'où irradient en

---

[46] Fernand Léger, *Ibid.*, p. 12.

son sommet divers éléments constituant un réseau de formes géométriques abstraites. Nous retrouvons le même type de composition dans une de ses œuvres de la série des constructeurs, peinte en 1951. Dans ce tableau, un homme est comme en équilibre sur la structure, il n'est pas représenté en train de travailler mais plutôt dans une pose qui rappelle les clichés photographiques pris par Charles Clyde Ebbets en 1932 pendant la construction du Rockefeller Center. Il est fort probable que Fernand Léger ait connu le travail de ce photographe. En effet, son *Étude pour les constructeurs* réalisée en 1950, aussi appelée *L'équipe au repos,* traite du même thème que *Lunch atop a Skyscraper* et *Resting on a girder* de Charles Clyde Ebbets. L'idée de l'*Équipe au repos* est venue à Fernand Léger alors qu'il regardait un groupe d'électriciens travaillant sur des pylônes. Il fut frappé par le contraste entre l'environnement naturel et les poutres métalliques. Son œuvre présente ainsi les ouvriers sur fond d'un paysage désertique, où s'élèvent des cactus. Les éléments rectilignes du chantier contrastent avec les courbes du paysage. La dimension sociale du chantier est très importante dans la série des constructeurs. Il en exposa plusieurs dans la cantine de l'usine Renault à Paris, considérant que son travail s'adressait autant au « peuple » qu'aux connaisseurs d'art.

Le chantier urbain était ainsi le symbole d'une idée de progrès, de modernité, qui a inspiré les acteurs des mouvements d'avant-gardes artistiques de la première moitié du XXe siècle, tels que Fernand Léger et les artistes futuristes, dont les travaux étaient empreints d'un sentiment utopique caractéristique de l'époque : utopie technique, industrielle, mais aussi sociale. Mais l'instrumentalisation des grandes utopies modernistes par les pouvoirs fascistes pendant la Seconde Guerre mondiale, puis durant la guerre froide, a conduit à une remise en question totale de ces principes. La ville et ses grands chantiers, passés aux mains des régimes totalitaires, voient basculer leur valeur symbolique.

2ème moment

Le chantier, marge du monde

Chapitre 3

Le chantier, espace de déconstruction

La mort déclare chaque fois la fin du monde en totalité,
la fin de tout monde possible,
et chaque fois la fin du monde comme totalité unique,
donc irremplaçable et donc infinie.
Comme si la répétition de la fin d'un tout infini était encore possible :
la fin du monde lui-même, du seul monde qui soit, chaque fois.
Singulièrement. Irréversiblement.[47]
Jacques Derrida

Berlin, ville palimpseste

Après la chute du régime totalitaire nazi et la chute du mur de Berlin une trentaine d'année plus tard, la ville de Berlin qui a dû faire face à deux campagnes de reconstruction urbaines s'est retrouvée complètement transformée. Les conséquences culturelles et artistiques de ces transformations enrichissent l'étude qui nous occupe sur la symbolique du chantier urbain, notamment dans son rapport à la modernité. Si le contexte d'entre-deux guerre voyait dans le chantier un symbole de progrès et d'utopie urbaine et sociale, un monde de tous les possibles, la

[47] Jacques Derrida, *Chaque fois unique, la fin du monde*, Paris, Galilée, 2003, p. 9.

période que Jean-François Lyotard analyse via la notion de « postmodernisme[48] », y voit plutôt l'expression symptomatique d'une blessure palimpseste. Dans un ouvrage intitulé *Berlin chantiers : essai sur les passés fragiles*[49], l'historienne et sociologue Régine Robin analyse l'identité de Berlin après 1945, qu'elle qualifie de « ville palimpseste », ville laboratoire où le paysage urbain n'a cessé de se transformer et de poser les questions de la mémoire et de l'oubli. De la même manière que « quand on arrache une affiche sur un mur de la ville, on fait souvent apparaître des fragments de l'affiche qu'elle recouvre[50] », produisant un « ensemble temporaire non stabilisé, où les deux fragments, celui de l'affiche récente et celui de l'affiche ancienne, produisent un résultat incongru[51] », Régine Robin s'interroge sur une esthétique en palimpseste du Berlin d'après-guerre, où « tout y est démontable et remontage[52] » :

> Chaque rue pourrait, de la sorte, connaître ses propres « décollages », sa poésie de la ruine, des murs se faisant et se défaisant à travers traces et graffitis désormais indécodables, poésie de ce qui disparaît et réapparaît subrepticement, de ce qui surnage, à travers les échafaudages des constructions nouvelles, de ce qui vient subrepticement fissurer les murs du paysage urbain et ceux de la représentation.[53]

Dans le second chapitre de son ouvrage, intitulé « La ville palimpseste », Régine Robin rappelle néanmoins que Berlin a toujours été en chantier, et ce bien avant 1945. Elle évoque ainsi la période de développement économique au tournant des XIXe et XXe siècles appelée « *Gründerzeit* », (l'époque des fondateurs), puis, autour de 1920, l'extension de la ville par adjonction administrative de toutes les villes

---

[48] Jean-François Lyotard, *La condition postmoderne*, Paris, Les Éditions de Minuit, 1979.

[49] Régine Robin, *Berlin chantiers : essai sur les passés fragiles,* Paris, Stock, 2001.

[50] *Ibid.*, p. 48.

[51] *Idem.*

[52] *Idem.*

[53] *Idem.*

partielles qui l'entouraient, donnant naissance au « Gross-Berlin ». Comme nombreuses autres grandes capitales, la ville de Berlin se déploie dans une effervescence industrielle et économique qui donne lieu à de grands chantiers urbains, et pour reconstruire, il faut détruire. Régine Robin illustre ses propos à travers la littérature et le cinéma, qui témoignent de ces grands réaménagements, tel le film de Walter Ruttmann réalisé en 1927, *Berlin, symphonie d'une grande ville*.

Cependant, bien que les écrivains, artistes et cinéastes n'aient pas attendu 1945 pour rendre compte de ces transformations, la fin de la Seconde Guerre mondiale marque une rupture dans la manière d'appréhender la ville en reconstruction, qui explique aujourd'hui la spécificité de cette ville et l'intérêt qu'elle suscite chez les historiens, écrivains, artistes, sociologues et historiens de l'art. Les horreurs de la Seconde Guerre mondiale ont mis les hommes face à un terrible dilemme, tiraillés entre la mémoire et l'oubli, que la chute du mur de Berlin en 1989 est venue renforcer. C'est en ce sens que Régine Robin voit dans Berlin le laboratoire de la postmodernité, qui s'exprime au travers des différentes tentatives de représentation de la perte et du creux, s'opposant à l'amnésie, mais aussi à la sacralisation pétrifiée de certaines commémorations et de reconstitutions muséifiées. Les bombardements de la guerre ont laissé une ville en ruines, la prétendue « heure zéro », qu'il s'agissait de reconstruire mais surtout de dénazifier. Les tâches les plus importantes furent en premier lieu de déblayer les ruines et de restaurer les habitats détruits, dans une urgence qui ne laissait alors que peu de place aux grandes questions d'aménagement. Puis, les urbanistes des deux Allemagnes commencèrent à mener un vif débat sur les grandes lignes à donner à la reconstruction, où s'opposèrent deux positions radicales : d'un côté une reconstruction inspirée de modèles historiques, de l'autre une construction moderne. Après cette première vague de reconstruction bicéphale, une seconde phase de destructions et de reconstructions a vu le jour suite à la chute du mur. Là encore, la ville de Berlin Est portait en elle les traces de l'échec d'une utopie totalitaire, et nombreux bâtiments furent rapidement détruits, des noms de rues furent changés, des statues démontées, la Lenin Platz devenant par exemple la place des Nations Unies.

Mais le cas de Berlin révèle surtout la complexité d'un « effacement des traces[54] », que Régine Robin analyse sous trois formes par rapport à la RDA : un premier effacement, qui se veut radical, celui de la disparition par la destruction, puis un effacement par détournement et réécriture de l'histoire, et enfin par surexposition criminalisée et muséification. En effet, la destruction n'est pas l'oubli, et si la destruction massive des symboles de la RDA a tenté de faire disparaître les traces monumentales du régime, il reste une mémoire « spectrale » dans la ville de Berlin, notamment analysé par Jacques Derrida dans son ouvrage *Les spectres de Marx*[55]. À l'encontre d'un effacement destructeur et systématique de traces visibles, Derrida met en avant les « ombres » qui survivent au milieu de nous, et souligne la nécessité d'accepter leur intrusion afin d'échapper à l'emprise étouffante de la « présence pleine[56] » :

> Le spectral, ici, est l'espace tiers qui va permettre de transmettre une part de l'héritage, la transmission, le passé ouvert dans ce qu'il a encore à nous dire et dans ce que nous avons à lui dire. Le travail de l'absence contre la présence pleine, l'inscription de la perte et de la ruine, la trace de la perte contre la mémoire saturée.[57]

Régine Robin qualifie cette mémoire spectrale de « mémoire interstitielle[58] », qui selon elle ne peut prendre forme que dans la fiction, la littérature, le cinéma.

> Seraient-ils de nos jours les seules formes à travers lesquelles, quelque chose de la perte, de la dérision, de l'ambivalence, pourrait se dire, s'inscrire, se représenter ?[59]

---

[54] Régine Robin, *op. cit.,* p. 48.

[55] Jacques Derrida, *Les spectres de Marx*, Paris, Galilée, 1993.

[56] *Ibidem.*

[57] *Ibidem.*

[58] Régine Robin, *op. cit.*, p. 48.

Berlin est aujourd'hui considérée comme une capitale majeure de la création contemporaine internationale. Christian Boltanski, qui y a exposé à de nombreuses reprises, exprime cet attrait des artistes pour Berlin dans un entretien avec Thierry Dufrêne à l'occasion de l'exposition « Berlin : l'effacement des traces » en 2009 :

> Ce qui me frappe à Berlin, c'est que le passé y est encore présent. [...] Même dans les quartiers centraux, c'est une ville où il y a du trou, du terrain vague. Le mur lui-même c'était des terrains vagues, un *no man's land.* C'est encore aujourd'hui une ville blessée. Pour moi c'est la ville du XXe siècle, c'est-à-dire à la fois ce qu'il y a de mieux, et ce qu'il y a de pire.[60]

L'exposition « Berlin, l'effacement des traces » questionnait ainsi la manière avec laquelle les artistes ont proposé une alternative au terme allemand de « *ergangenheitsbewältigung* » (traduit en français par « maîtrise du passé »), préférant une fausse rupture avec le passé et un recul vis-à-vis de la politique de la ville de Berlin, « cette façon maniaque et compulsive de faire disparaître au plus vite les ruines des villes bombardées et de se lancer frénétiquement dans la reconstruction économique[61] ». Dans le chantier urbain monumental dans lequel se retrouve plongée Berlin après la chute du mur, et qui persiste encore aujourd'hui, des artistes trouvent le moyen de réveiller ce que Régine Robin qualifie de « mémoire interstitielle ».

Parmi les artistes qui furent présentés dans l'exposition « Berlin, l'effacement des traces », le travail photographique de Jean-Claude Mouton est assez révélateur de ce phénomène. Entre 1989 et 1991 il séjourne à Berlin grâce à l'obtention d'une bourse de l'office franco-allemand pour la Jeunesse. Il est sur place lors de la chute

---

59 *Ibid.*, pp. 42-43.

60 Cat. d'exp. « Berlin, l'effacement des traces, 1989-2001 », sous la direction de Sonia Combe, Paris, BDIC, 21 oct-31 dec 2009, Lyon, Éd. Fage, p. 64.

61 Régine Robin, *op. cit.,* p. 48.

du Mur et commence sa série photographique « Berlin no man's land », à la recherche d'un processus photographique qui montre « peu de chose » :

> Comme si photographier le vide des lieux révélait quelque chose d'invisible à l'œil nu, la photographie conférant à ces espaces un statut particulier, les désignant comme les lieux de l'Histoire. [...] Il n'y avait plus rien à photographier et c'était ça qui m'intéressait le plus. [...] Mais je repérais aussi dans un mouvement contradictoire les travaux, les nouveaux bâtiments, ou les nouvelles interdictions.[62]

Le Chantier, figure du renvoi sans origine

Le cas de Berlin, et la manière dont certains artistes s'y sont intéressés ces dernières années, pose la question de la trace, non pas tant la trace d'un passé à travers ses ruines, mais le rien, le vide et l'interstice comme trace. En 1980, Jacques Derrida est invité à écrire dans la revue *Anima* sur le thème de la cendre, essai qui sera l'objet d'une publication séparée en 1987, affirmant alors son concept fondamental de « trace », dont la cendre se révèle être le paradigme.

> Si un lieu même s'encercle de feu [...] Reste la cendre. Il y a là cendre, traduit, la cendre n'est pas, elle n'est pas ce qui est. Elle reste de ce qui n'est pas, pour ne rappeler au fond friable d'elle que non-être ou imprésence. L'être sans présence n'a pas été et ne sera pas plus là où il y a cendre et parlerait cette autre mémoire. Là, où cendre veut dire la différence entre ce qui reste et ce qui est, y arrivera-t-elle ?[63]

Dans un article intitulé « Cendre et dessin : la représentation en ruine chez Derrida[64] » et publié en 2007,

---

[62] Cat. d'exp. « Berlin, l'effacement des traces, 1989-2001 », *op. cit.*, pp. 77-78.

[63] Jacques Derrida, *Feu la cendre*, Paris, Éd. des Femmes, 1987.

[64] Joana Maso, « Cendre et dessin : la représentation en ruine chez Derrida », *Protée*, volume 35, n° 2, 2008, pp. 89-92.

l'auteur Joana Maso analyse l'ambiguïté de la notion de cendre, qu'elle qualifie de « figure du renvoi sans origine. [...] Certes la cendre est forcément cendre de, elle n'est pas énonçable absolument, elle ne peut se couper du renvoi à l'infini, elle renvoie incessamment[65] ». Et pourtant, la cendre est négation absolue, elle est « non-être ou imprésence[66] », et si elle renvoie à quelque chose elle n'est pas non plus cette chose.

Le chantier au même titre est indéfinissable, espace de négation, lieu sans identité propre, qui renvoie à un « ça a été », mais qui par son absolue négativité nie l'origine à laquelle il renvoie. Derrida reprend autant qu'il dépasse la notion de trace apparue chez Walter Benjamin, pour qui la trace était avant tout trace *de* quelque chose, dans une position de secondarité par rapport à la chose qu'il a laissée. Ici, la trace existe par et pour elle-même.

En outre, l'analyse que fait Derrida de la notion de « déconstruction » est également enrichissante pour notre propos. La déconstruction telle qu'il l'analyse isole certaines oppositions cruciales, qui fonctionnent sur le modèle de structures binaires articulant le discours de la métaphysique occidentale. Dans chacun des couples, un élément semblera toujours occuper la position souveraine ou dominante. Comment cet élément secondaire peut-il revendiquer un droit égal, voire premier, et être envisagé comme condition de possibilité pour le système tout entier ? Derrida a principalement développé cette thèse pour l'analyse de l'écriture, qui tout au long de la pensée philosophique occidentale, depuis Platon, a été considérée comme secondaire par rapport à la parole. À travers la déconstruction, il cherche à bousculer cette tradition logocentrique et cette logique du supplément. De même, le chantier est porteur d'une dualité intrinsèque. Selon le métarécit qui gouverne un discours, utopique ou dystopique, un des deux versant du chantier prendra le dessus. Si le discours moderniste privilégiera la symbolique

65 *Ibid.*, pp. 89-92.

66 Jacques Derrida, *op. cit.*

positive du chantier, en tant que lieu de construction, le discours dystopique privilégiera au contraire le chantier en tant que destruction inéluctable de toutes choses. Pourtant, les deux versants du chantier se superposent plus qu'ils ne s'opposent. Toujours dans *Feu la cendre,* Derrida nie le caractère secondaire de la « trace » par rapport à ce à quoi elle renvoie. Ainsi le chantier, dans son état de « reste », permet de prolonger la question en prenant pour objet d'analyse ces lieux indéfinissables, dont la primauté entre le bâtiment d'origine et les traces matérielles qu'il en reste est incertaine et problématique.

Le travail du photographe Joel Meyerowitz sur le site de Ground Zero est à ce propos tout à fait intéressant. Le sujet de ses photos n'est pas tant ce à quoi renvoient les débris, mais les débris en eux-mêmes, dans leur monstruosité fascinante. Des restes pris pour eux-mêmes et pour qui la « logique du supplément » n'a plus de sens. Tout au long de sa carrière, Joel Meyerowitz a évité l'évènement, préférant photographier les choses en marge de l'action principale. Malgré son caractère spectaculaire, le travail qu'il a effectué sur le site de Ground Zero s'intéresse aux marges de l'évènement, à ses restes. Après l'attentat du 11 Septembre, l'accès au site en décombres était interdit aux reporters photo qui étaient uniquement autorisés à prendre quelques photos d'un ou deux endroits précis. Se refusant à prendre les mêmes photographies que ses collègues, Joel Meyerowitz s'est aventuré sur le site malgré les nombreux obstacles, et après s'être fait accepter par l'équipe des secours il réussit à obtenir une commande de la ville de New York et se lance dans la constitution des archives de Ground Zero. Quel intérêt pour la commande publique ? Prendre les restes photographiés, des traces, qui bien que traces *de* l'horreur du 11 Septembre, étaient surtout les traces d'une absence, négation absolue, dont le terme-même de « Ground Zero » témoigne.

Si la cendre est « reste de ce qui n'est pas, pour ne rappeler au fond friable d'elle que non-être ou imprésence » c'est que, pour reprendre le titre d'un ouvrage de Jacques Derrida : *Chaque fois unique, la fin du monde*[67].

> La mort déclare chaque fois *la fin du monde en totalité*, la fin de tout monde possible, et *chaque fois la fin du monde comme totalité unique, donc irremplaçable et donc infinie.*
> Comme si la *répétition* de la fin d'un tout infini était encore possible : la fin du monde *lui-même*, du seul monde qui soit, chaque fois. Singulièrement. Irréversiblement.[68]

C'est cette idée que semble porter le chantier en lui, comme reproduction à l'infini d'une mort du monde, comme trace toujours répétée de la destruction, destruction passé et destruction à venir. Si le reste existe de façon autonome, il devient matériau.

Chantier & déconstruction

La destruction décompose ce qui précède, plus qu'elle ne le réduit à néant, et le chantier n'est pas véritablement un espace ex-nihilo. Il n'est pas une table rase du passé, il est une nouvelle forme, une « différance » pour reprendre la notion de Jacques Derrida. Dans son ouvrage *Le Rien en architecture et l'architecture du Rien*[69], Joseph Nasr s'interroge dans son troisième chapitre sur les liens entre l'acte et l'essence de la destruction et relève la spécificité de l'acte de « déconstruction » mis en avant par Derrida qui au lieu d'anéantir propose de décortiquer. C'est là le propre de la destruction créatrice, et c'est peut-être là aussi que le chantier opère, par la matière décomposée qu'il propose.

Le travail de Gordon Matta Clark a longtemps été considéré comme précurseur d'une approche « déconstructiviste » de l'espace architectural, empruntant de façon plus ou moins schématique à la philosophie de la

---

[67] Jacques Derrida, *Chaque fois unique, la fin du monde*, Paris, Galilée, 2003.
[68] *Ibid.*, p. 9.
[69] Joseph Nasr, *Le rien en architecture : l'architecture du rien*, Paris, l'Harmattan, 2010.

« déconstruction » de Jacques Derrida. Cette découpe qui décortique, plus qu'elle ne détruit, opère de façon quelque peu similaire aux découpes dont procède le philosophe dans ses textes, tachant de dégager les antagonismes qui structurent l'œuvre.

> Matta-Clark joue avec l'architecture comme il jouerait avec le langage, tous deux expressions du pouvoir : la maison qu'il découpe est comme une phrase dont il supprimerait le verbe ou changerait la syntaxe laissant entrevoir ainsi d'autres lectures possibles.[70]

Dans un entretien sur sa pratique artistique réalisé en mai 1976 avec Donald Wall, l'artiste développe cette pratique de déconstruction de l'espace architectural :

> Je veux inciser un espace, un endroit en profondeur, jusqu'à sa métaphore. [...] je veux [...] réutiliser les structures existantes, qui orientent notre pensée et nos perceptions. D'une part, donc, je cherche à modifier la manière dont on perçoit normalement la totalité de quelque chose.[71]

Ainsi la déconstruction, plus que la destruction, analyse l'objet qui est en train de disparaître. Si Derrida s'est toujours défendu de l'assimilation trop rapide qui a souvent été faite entre « déconstruction » et architecture déconstructiviste, il reconnaît néanmoins dans un entretien avec Christopher Norris publié pour la première fois en 1989 s'être aperçu « que la façon la plus efficace de mettre en œuvre la déconstruction, c'était de passer par l'art et l'architecture[72] ». Gordon Matta Clark s'intéresse à des maisons individuelles vouées à la démolition, et s'attaque à la première phase du chantier, avant même que la démolition ne soit faite. Il agit de façon discrète, donnant

---

[70] Sandra Cattini, « Gordon Matta-Clark », *Encyclopaedia Universalis,* Disponible :http://www.universalis.fr/encyclopedie/gordon-matta-clark/

[71] Raphaëlle Brin, *Gordon Matta-Clark : entretiens*, Paris, Lutanie, 2011, p. 83.

[72] *Ibid.*, p. 484.

finalement à voir un édifice qui n'était plus regardé, voué à disparaître. Néanmoins en 1975, alors que le Centre Pompidou était en cours de construction, il se lance pour la Biennale de Paris dans une intervention spectaculaire, *Cornical Intersect,* une de ses œuvres les plus emblématiques. Des façades d'immeubles du XIIe siècle subsistaient encore sur le site en travaux, dans l'attente d'être démolies, et il découpe une brèche circulaire de quatre mètres de diamètre sur une de ces façades attenante au chantier. Cette fois les découpes ne sont plus droites mais circulaires, et surtout la proximité entre le musée en construction et l'immeuble en destruction montre bien la dualité du chantier, comme lieu où les temporalités se superposent. L'intervention ici n'est plus discrète mais spectaculaire. À côté de la façade percée, des gravats s'entassent de façon monumentale. En leur donnant le statut de monuments éphémères, Gordon Matta Clark attribue alors à ces restes une valeur magistrale, au même titre que les façades historiques qui les ont précédés.

Chapitre 4

Le chantier, marge du réel

Le chantier, fonction critique

Ainsi durant la première moitié du XXe siècle, le chantier s'est progressivement développé comme un outil dialectique, entre construction et destruction, utopie et dystopie, entre regard prospectif et regard rétrospectif, un instrument de pensée qui par sa dichotomie intrinsèque porte en lui le schéma de la pensée dialectique occidentale. Dans un article intitulé « Le chantier comme exercice pratique d'inachèvement lié à l'incertain », Luce Lefebvre s'interroge justement sur le « chantier pris en tant que lieu éclaté, présentant des points de vues multiples qui viennent fracturer l'idée de totalité[73] », et qui par là-même remet en question « la pensée consensuelle et englobante[74] » :

> Le possible-autre conçu comme fonction critique, évidemment. Or, cette fonction critique est immanente à la notion de chantier. Qu'est-ce dire ? Cela suppose que le chantier, en tant qu'idée, propose à partir de lui-même, en

[73] Luce Lefebvre, « Le chantier comme exercice pratique de l'inachèvement lié à l'incertain », *ETC* n°73, 2006, p. 34. [Disponible : http://id.erudit.org/iderudit/34902ac]

[74] *Idem.*

> lui-même, ce qui déjà l'extériorise, ce qui déjà va plus loin que lui : un possible comme débordement et ce, à partir de l'épars propre au chantier.[75]

Ce « possible comme débordement » dont parle Luce Lefebvre induit un dépassement de l'analyse binaire du chantier, qui se révèle comme un espace-temps de l'« à côté », « en marge » des grands métarécits, un espace interstitiel où se rencontrent les concepts plus qu'ils ne s'opposent. Cette ouverture de la notion de chantier propose alors un déplacement du regard, du centre vers la marge, tant d'un point de vue de la représentation que dans son rapport au réel.

Marges de la ville & utopies virtuelles

La ville de Berlin, comme nous l'avons évoqué précédemment, a été le théâtre de nombreuses constructions et déconstructions. Son histoire et son architecture portent les stigmates de la chute de l'histoire, devenant source d'inspiration visuelle pour les artistes, mais aussi lieu de création alternatif, grand atelier ouvert sur le monde, en perpétuelle mutation. Après la chute du mur, les bâtiments détruits, les zones abandonnées de la ville ou encore les édifices voués à la destruction sont devenus des espaces de création et d'exposition privilégiés.

Ce fut par exemple le cas du Kunsthaus Tacheles, ancien quartier juif de Berlin, qui devient en 1990 un lieu de culture alternative. Trois mois après la chute du Mur, le 13 février 1990, un groupe d'artiste investit cet immeuble en ruine, situé sur la Oranienburgerstrasse, dans le quartier de Mitte, et le nomment le « *Tacheles* » (« la parole franche » en yiddish). Ce lieu était à l'origine un grand magasin construit entre 1907 et 1909 par l'architecte Franz Ahrens, ensuite occupé en 1928 par l'entreprise d'électricité AEG, puis était devenu un bâtiment administratif sous le régime nazi,

---

[75] *Idem.*

touché par les bombardements alliés en 1943 et laissé à l'abandon pendant plusieurs années. Le cinéma d'art et essai « Camera » y fut installé, avant de fermer en 1958 en raison de la vétusté du bâtiment pour rouvrir en 1972. En 1980, un plan de transformation du quartier prévoyait la destruction de l'édifice pour permettre le passage d'une rue entre Oranienburger Strasse et Friedrichstrasse. Le dôme fut ainsi démoli, et le cinéma fermé. Les autres parties de l'immeuble devaient être détruites avant avril 1990. Cependant, le 13 février 1990, deux mois avant la démolition, un groupe d'artistes investit les lieux et réussit à empêcher sa destruction en faisant classer le bâtiment comme monument historique. Les façades de l'immeuble furent peintes de couleurs vives et une cours accueillait de nombreuses sculptures réalisées à partir de débris et de matériaux de récupération. Véritable centre d'art, le lieu comprenait un café, une salle de cinéma, des ateliers d'artistes et des espaces d'exposition. Tous les artistes travaillèrent ensemble à la rénovation de l'édifice, normalement voué à la destruction, avec les matériaux récupérés sur place. Le Tacheles a ainsi revêtu plusieurs fonctions depuis son inauguration en 1907 jusqu'à son occupation artistique, passant de l'état originel de grand magasin à celui de centre administratif du régime nazi, puis réemployé à nouveau par le régime de la RDA. Véritable édifice palimpseste, voué à la destruction comme nombreux autres immeubles après la chute du mur. Selon une légende urbaine, lorsque le dôme fut détruit en 1989, l'ensemble du bâtiment qui aurait dû disparaître a vu de façon incroyable sa structure résister au dynamitage. C'est précisément cette résistance à la destruction, à l'oubli, qui a séduit le groupe d'artistes du Tacheles en 1990 lorsqu'il a décidé de s'approprier cet édifice aux identités multiples. Immeuble en perpétuel chantier, le Tacheles propose ainsi une utopie alternative à celle des pouvoirs politiques, un lieu créatif en marge des pouvoirs publics.

Il a finalement été évacué le 4 septembre 2012 sous la pression des propriétaires, et ne subsiste aujourd'hui que le jardin à l'arrière du bâtiment qui est toujours ouvert au public et qui présente une exposition permanente de sculptures. Néanmoins, un collectif d'artistes a formé une association, la ArtProTacheles, afin de poursuivre le concept du lieu en proposant des espaces alternatifs et démocratiques de création dans la ville. Ils mettent ainsi en place des « Mobile Atelier Project », que l'ont peut en ce moment visiter dans le quartier de Friedrichshain. « With the Mobile Atelier Project (MAP) we are trying to extend and multiply the original idea of the Tacheles by creating more spaces for alternative art and culture[76] », expliquent-ils sur leur site internet. Les lieux alternatifs de création et d'exposition se développent donc en marge, dans des espaces toujours plus éphémères. La démarche va même plus loin : une galerie virtuelle a été créée, la « Tacheles « 3D », afin de prolonger voire d'étendre leur espace en marge, qui cette fois ne s'immisce plus simplement dans les zones interstitielles en chantier mais s'élabore sous la forme d'un chantier perpétuel sur plate-forme web. Ainsi, peu avant la fermeture du Tacheles, les artistes se sont lancés dans sa reconstitution en 3D sur la plate-forme Second Life. Ce programme informatique, créé en 2003, est un espace virtuel participatif, où les utilisateurs peuvent se créer des avatars, construire des bâtiments, et proposer par exemples des lieux d'échanges créatifs à travers des expositions virtuelles.

Cet espace de création peut lui aussi être considéré comme un espace en chantier, sans forme fixe, toujours en transformation. En marge de l'espace réel, il est un sorte de non-lieu, voire de retour à la notion première d'u-topie, au sens de « nulle part ». Ce « no man's land » numérique s'avère ainsi être une utopie qui fonctionne bien, et qui permet une forme de confrontation entre un espace « ex-nihilo » et le monde réel, dans une logique d'échanges collectifs.

---

[76] *Site web du collectif Artprotacheles,* [Disponible: HYPERLINK "http://www.artprotacheles.com/about_us/". « Avec le Mobile Atelier Projet (MAP) nous essayons d'étendre et de multiplier l'idée originale du Tacheles en créant d'autres espaces dédiés à l'art et à la culture alternative ». Trad. A. Ferrere.

L'artiste chinoise Cao Fei, alias China Tracy, œuvre elle aussi sur la plate-forme Second Life depuis 2007. Née en 1978 à Guangzhou, Cao Fei travaille à Beijing et développe depuis le début des années 2000 un art entre réalité et fiction, qui emprunte aux nouvelles technologies. Les rapides transformations urbaines du territoire chinois et les transformations sociales qu'elles impliquent occupent son travail depuis le début. Elle s'est donc lancée dans un projet monumental, présenté entre autre en 2007 à la Biennale de Venise : la création d'une ville virtuelle, *RMB City*. Cette ville en 3D reprend les caractéristiques urbaines des villes chinoises contemporaines auxquelles elle intègre des éléments fictifs futuristes. Nous retrouvons par exemple le stade des jeux olympiques, la tour de la TV de Shangai, ou encore la Cité interdite. Après un peu plus de deux ans nécessaires à sa réalisation, *RMB City* s'est ouverte au public et est devenue aujourd'hui une véritable plate-forme d'échanges sociaux, mais aussi artistiques. Cao Fei invite les artistes à mettre en place des expositions dans la ville, les architectes et urbanistes à proposer des projets de construction. *RMB City* a été créée sur une île, espace caractéristique de l'utopie, et s'organise à travers un enchevêtrement éclectique d'architectures diverses. La ville est surplombée par une grue monumentale qui gravite en suspension dans le ciel et à laquelle est rattachée une copie du TVCC, la Télévision Cultural Center de Chine. Le bâtiment d'origine est un ensemble d'immeubles situé à Pékin, conçu par le cabinet d'architecte Rem Koolhaas. La construction de ce monument en forme de U retourné a débuté en 2004 et a été interrompue par un incendie en 2009, juste avant son achèvement. En faisant virevolter cet édifice suspendu à une grue, l'artiste joue sur le caractère éphémère de ce tour de force architectural, en partie détruit alors qu'il n'était pas encore totalement édifié. De façon générale, les constructions qui façonnent la *RMB City* de Cao Fei sont en mouvement, certains immeubles ayant été conçus de manière à tomber en ruine aussitôt leur construction achevée, dans un cycle sans fin.

Lorsque, comme chez Cao Fei, le no man's land numérique conduit à la création d'un monde parallèle, se pose forcément la question de l'utopie. Nous l'avons dit plus haut, les grands métarécits du XXe siècle et leurs projets urbanistiques ne font plus foi, ou du moins ils sont considérés avec un certain recul. Le terme d'utopie lui-même est souvent teinté d'une connotation péjorative, ou bien ramené à l'idée d'illusion, de projet irréaliste. Pourtant, cette dérive du sens premier d'utopie va finalement s'avérer être un des points de raccord entre l'art et la ville, et plusieurs artistes vont réinvestir le chantier d'une dimension utopique en acceptant justement la part d'échec sous-jacente à tout grand projet urbain utopique et en réinvestissant l'utopie architecturale de sa dimension fictive. Rappelons en effet que les premières utopies étaient des récits fictifs. C'est à ce titre que l'espace virtuel du net et les images de synthèse deviennent de nouveaux outils exploités par les artistes, en marge du réel, qui permettent de fantasmer des mondes, comme en témoigne le travail d'Alain Bublex depuis le début des années 1990.

De l'utopie à la tentative, entre réel & fiction

Avant de se lancer dans la création artistique, Alain Bublex a travaillé en tant que designer industriel à la Régie Renault après des études à l'Ecole des Beaux-Arts de Macon puis à l'Ecole supérieure de design industriel. Il commence ses travaux dans les années 1990, notamment avec un projet qui n'a jamais cessé d'évoluer depuis, *Glooscap,* présenté pour la première à la galerie Georges-Philippe et Nathalie Levallois à Paris. *Glooscap* est une ville fictive créée en collaboration avec le graphiste Milen Milenovitch. C'est à partir d'un dessin d'une vue aérienne, esquissé lors d'un voyage en avion, que l'idée leur serait venue. Aidé de Milen Milenovitch, il n'a cessé de vouloir prolonger ce dessin de base, l'agrandir tout en respectant l'échelle de départ. L'étape suivante fut de placer cette ville sur une carte du monde. Ils la situèrent au Canada, dans la

Baie de Passamaqquoddy, au sud de Brunswick, l'encrage de *Glooscap* prolongeant la confusion entre ville fictive et réelle. Alain Bublex constitue ensuite à rebours les archives de *Glooscap*, par la réalisation de vues cartographiques mais aussi de relevés photographiques pris dans des villes d'Amérique du Nord. Le chantier de la ville s'opère ici de façon entièrement fictive, et elle prend forme uniquement au moyen de pratiques artistiques. Pourtant, selon Alain Bublex, si le chantier n'est pas présent concrètement dans son travail il en est le concept moteur, correspondant à « la phase unique, évolutive et provisoire, du travail productif qui, par nature, n'existe qu'en vue de sa propre abolition[77] ». C'est finalement tout le processus précédant la construction qui fait pour lui partie du chantier. Il travaille également sur les projets architecturaux, première phase d'intellectualisation du chantier, puis sur la maquette, et enfin sur la phase de la construction. Cet élargissement de la notion de chantier en fait la métaphore plus générale du processus créatif, et correspond aux différents « moments où la pensée rencontre les conditions de sa mise en œuvre[78] ». De la même manière que le chantier entraîne une confrontation entre la pensée et le réel, les œuvres d'Alain Bublex sont toujours construites sur une hybridation entre éléments fictifs et éléments réels, entre images de synthèse et photographies du réel. Dans la monographie de l'artiste, Luc Barboulet soulève les nombreuses références faites à l'architecture du XXe siècle, et qui « semblent illustrer la dérive sémantique qui entraîne le mot chantier d'un usage à un autre : de l'idée de structure d'attente ou d'entreposage à celle du moment de fabrication[79] ».

Dans une autre œuvre datée de 2004, Alain Bublex s'intéresse à un projet majeur jamais réalisé, *Le Plan Voisin* pour la ville de Paris, dessiné par Le Corbusier en 1925. Avec ce projet, Le Corbusier envisageait un réaménagement total du centre de Paris, qui proposait une inversion entre le

---

[77] Alain Bublex, *Alain Bublex*, Paris, Flammarion, 2010, p. 12.
[78] *Ibid.,* p. 14.
[79] *Ibid.,* p. 16.

centre et la banlieue. Alors qu'à la même époque les partisans de la conservation du centre de Paris étaient nombreux, l'architecte souhaitait au contraire raser presque toute la rive droite de la capitale, et remplacer le centre ville par dix-huit gratte-ciel cruciformes de 200 mètres de haut agencés de façon géométrique dans de vastes espaces verts, percés d'autoroutes traversant le centre de la capitale. La ville serait alors divisée en deux grands quartiers : le quartier des affaires et le quartier résidentiel. Bien qu'il envisageait de préserver des monuments anciens majeurs, Le Corbusier ne concevait son projet que dans une destruction importante du Paris traditionnel, se rattachant ainsi au principe de « tabula rasa » propre à l'utopie, rendu possible par les destructions de la Première Guerre mondiale. Alain Bublex réinvestit alors le projet là où Le Corbusier l'avait laissé. Au moyen d'images de synthèse et de photomontages il tente de donner forme à ce à quoi aurait ressemblé le Paris d'aujourd'hui si Le Plan Voisin avait été réalisé. Le résultat se présente comme un paysage de périphérie, envahi par les voitures qui filent entre les grandes tours illuminées d'enseignes publicitaires.

Alain Bublex remet donc en chantier des propositions, et révèle qu'elles n'ont pas épuisé leur potentiel. Il joue avec les grandes utopies urbaines, et c'est à ce titre que Luc Barboulet considère qu'il incarne « une intéressante figure d'artiste historien, [qui] pièce par pièce constitue un musée-laboratoire de projets modernes qu'il remet à mesure en service[80] ». Cependant, l'intérêt de l'artiste n'est pas vraiment de les « remettre en service », ni de prouver leur validité, mais plutôt de retrouver ce qu'il nomme « la tentative » :

> Alors que l'utopie est considérée comme une alternative radicale à prendre ou à laisser, la tentative est une réserve : elle possède des virtualités non déployées à son époque, mais qui peuvent nous aider à penser la notre.[81]

[80] *Idem.*
[81] *Idem.*

Finalement, en préférant le terme de tentative à celui d'utopie, l'artiste rompt avec le principe radical de « tabula-rasa » et cherche à retrouver la tentative derrière l'utopie, à savoir le moment « ou l'esprit fait un détour par l'idée de ce qui n'est pas encore, [...] qu'en matière d'architecture, d'urbanisme ou de paysage on appelle le projet[82] ». Cette notion de projet est fondamentale dans la pensée utopique, et elle est intrinsèque à celle de chantier. Dans son ouvrage *Anthropologie du projet*[83] publié en 1990, Jean-Pierre Boutinet analyse la notion de projet comme figure emblématique de notre modernité. Il rappelle que le terme est assez récent, les grecs et les latins n'ayant pas d'équivalent à son acception moderne. Seul le mot « *propositum* » pouvait s'en rapprocher. Dans le vieux français des XIVe et XVe siècles, les formes de « pourjet » ou encore « *project* » désignaient des éléments architecturaux jetés en avant, à l'image des balcons sur façades. C'est au quattrocento que Jean-Pierre Boutinet décèle l'évolution sémantique majeure du terme. En effet si les architectes du Moyen Âge utilisaient déjà des plans pour mener à bien leurs travaux, ce n'est qu'avec Brunelleschi que les phases de conception et d'exécution en architecture sont séparées. Les exécutants voient leur autonomie réduite et soumise au « projet » de l'architecte. Une seconde rupture est analysée au début du XXe siècle, à l'avènement de la société industrielle et par là même d'une « culture technologique », en opposition à une « société traditionnelle », où l'objet technique dans sa production conduit à une accélération du temps linéaire. Le temps devient alors « opérationnel », la société ne cesse d'anticiper, de prévoir. Le terme de projet s'élargit alors du domaine de l'architecture à celui de l'industrie dans son ensemble, entraînant une véritable « culture à projet[84] ».

C'est ainsi qu'Alain Bublex commence en 2000 sa série des « Projets en chantier », exposée pour la première

---

82 *Ibid.*, p. 4.

83 Jean-Pierre Boutinet, *Anthropologie du projet*, Paris, PUF, 1996.

84 *Ibid.*, p. 4.

fois à Tours[85]. Il y présente un projet d'aménagement de l'artère principale de la ville, la RN10, en imaginant des ponts tout le long de l'avenue qui relieraient les différents bâtiments entre eux et induiraient ainsi une séparation entre les zones de circulation et les zones d'activité.

> Avec les projets en chantier, écrit-il, je me proposais de remettre au travail des propositions, parfois qualifiées d'utopies, laissées en jachère dans l'histoire récente de l'architecture. Les utopies en elles-mêmes m'intéressaient peu, j'étais beaucoup plus curieux des dérives de sens que recouvre ce mot dans l'usage que nous en faisons, passant de la désignation d'un territoire imaginaire à la qualification de propositions concrètes.[86]

En réactualisant ces projets, en confrontant leur caractère utopique avec le réel, Alain Bublex donne ainsi forme à des « tentatives » prises entre réel et fiction, entre image de synthèse et image photographique. Sa technique artistique elle-même, par l'introduction du numérique, devient une tentative qui donne lieu à une imagerie où la frontière entre réalité et fiction se perd. Cette ambivalence constante dans son travail se retrouve notamment dans la série *Plug-in City*, commencée en 2000. Il a présenté pour la première fois ce travail au BDA de Berlin dans le cadre de l'exposition « « Meeting with Peter Cook ». Sur une de ces photographies, apparaît la Tour Eiffel vue du Champ de Mars, mais à laquelle l'artiste a greffé par retouches numériques des grues et des sortes de préfabriqués hybrides aux couleurs criardes. Autour du monument qui semble en véritable mutation, des hélicoptères gravitent et transportent d'autres éléments modulables prêts à être fixés à la Tour Eiffel. Le titre de l'œuvre, « Plug-in City », fait explicitement référence au projet éponyme de l'architecte Peter Cook du groupe Archigram, dessiné en 1964 dans le numéro 4 de la revue « Archigram ». Les dessins de ce

---

[85] Exposition « Projet en chantier, RN 10 Tours (France) – Ph 1 », 2001, Tours, CCC, sous la direction d'Alain Julien-Laferrière.

[86] Alain Bublex, *Alain Bublex*, Paris, Flammarion, 2010.

projet pensent une structure en réseau à grande échelle : un réseau de lignes horizontales et verticales permettent le déplacement rapide de la population et des unités habitables, auxquelles s'ajoute une grille de grandes voies diagonales sur lesquelles les grues et autres engins de construction peuvent facilement se déplacer d'un point à l'autre de la structure. Sur plusieurs photographies de cette série on retrouve une structure architecturale très proche de la mégastructure imaginée par Peter Cook, sous forme d'ajouts numériques mais aussi, et c'est là toute l'originalité de son travail, dans le réel photographié. Dans la photographie *Plug in City (MNAM)*, les unités modulables colorées empruntées à l'iconographie d'Archigram viennent se greffer, par ajout numérique, sur la structure réelle de Centre Pompidou à Paris. Cet édifice habillé d'un réseau de voies verticales, horizontales et diagonales, réalisé par Renzo Piano et Richard Rogers et inauguré en 1977, s'inspire indubitablement du projet initial *Plug-in City* de Peter Cook. *La photo plug-in City – Expérience monumentale* par exemple, développe à plusieurs niveaux cette correspondance iconographique. En haut de la composition, au premier plan, un fragment de la tuyauterie de Beaubourg fait office de repoussoir dans l'image, marquant l'encrage du photographe et du spectateur dans l'architecture réelle de Renzo Piano, tandis qu'au second plan l'artiste a intégré un dessin du Centre Pompidou dans son ensemble, plus ou moins modifié, dans un style qui reprend l'imagerie fantasmatique de Peter Cook où des unités mobiles sont greffées un peu partout sur la structure générale tandis que grues et hélicoptères peuplent le paysage alentours.

Ainsi les récits utopiques, qui se déploient dans un territoire fictif, ont longtemps cherché à être appliqués au monde réel, dans une confrontation qui s'est souvent soldée par un échec. À contrario, l'œuvre de Bublex cherche à emprunter des éléments du réel pour animer ses fictions et ses utopies. *Plug-in City* ne doit pas tant se concevoir comme un essai fictif de ce qu'aurait pu donner l'application du projet de Peter Cook, que comme une réactualisation de son utopie en la nourrissant du réel.

> Mes chantiers sont absolument conformes au réel, rien ne les différencie des vrais chantiers, sauf que les miens ne servent à l'élaboration d'aucun bâtiment.[87]

---

[87] *Ibidem.*

3ème moment

Esthétique contemporaine du chantier

Chapitre 5

Chantier & paysage
de l'entropie au sublime

Paysage & construction du regard

Peut-on parler de « paysage » pour qualifier les chantiers ? Rappelons que le terme de « paysage » est intrinsèquement lié, et ce dès son origine étymologique, à l'idée de représentation. Désignant au départ la représentation d'un site généralement champêtre, il en vient par la suite à désigner la représentation elle-même. Avant la fin du XVIIe siècle, il désigne l'étendue du pays que l'œil peut embrasser dans son ensemble, et c'est cette valeur visuelle qui l'a emporté. En suivant cette acception, pas de paysage sans regard humain.

> [Le paysage] n'est jamais naturel, il est toujours un agencement humain, c'est le regard qui fait le paysage. [...] D'une certaine manière, le paysage est le visage que l'homme donne à la nature selon des traits et un code relatifs à une époque donnée[88].

[88] Ouvrage collectif sous la direction de Sylvain Santi, *Le paysage et la question du regard*, Melissard, Aleph, 2003, pp. 28-29.

Dans son ouvrage *Du paysage en peinture*[89], Alain Mérot propose une analyse anthropologique du paysage, selon laquelle « chaque époque, chaque milieu aurait eu sa vision passagère[90] ». Comment appréhender alors le travail de certains artistes modernes et contemporains, tels que l'américain Robert Smithson, un des premiers à avoir considéré les territoires en chantiers de la banlieue américaine comme des « paysages », dignes d'être regardés et intégrés dans le champ de la création artistique ?

C'est avec les artistes du Land Art, que s'opèrent les prémices d'un déplacement radical du regard humain sur le paysage, conduisant à ce que l'on pourrait analyser aujourd'hui comme une nouvelle « anthropologie du paysage » propre à la fin du XXe et du début du XXIe siècle. Cette analyse se trouve en partie abordée par Gilles Tiberghien dans son ouvrage *Nature, Art, Paysage*[91], qui s'appuie sur l'art américain des années 1960. Dans un chapitre intitulé « Robert Smithson, une vision pittoresque du paysage », l'auteur interroge le renouveau du pittoresque chez l'artiste qui « déplace le regard que nous portons sur les choses et sur le paysage en particulier[92] ». Le pittoresque, comme il le rappelle au début du chapitre, est avant tout « ce qui est digne d'être peint[93] ». Le chantier serait-il devenu, dans les années 1960, un sujet digne d'être peint, voire même digne d'être élevé au rang de paysage ? Les travaux des peintres futuristes ou encore de Fernand Léger révélaient déjà, comme nous l'avons évoqué précédemment, les prémices d'une ouverture de la peinture de paysage au chantier urbain. Le bouleversement qui s'opère dans les années 1960 prend une toute autre direction et témoigne d'un renouveau profond de la conception du paysage occidental. Les avis ne sont pas univoques sur la question, et dans son ouvrage *La pensée*

---

89 Alain Mérot, *Du paysage en peinture dans l'Occident moderne,* Paris, Gallimard, 2009.

90 *Ibid.*, p. 11.

91 Gilles Tiberghien, *Nature, Art, Paysage*, Arles, Acte Sud, 2001.

92 *Ibid.*, p. 93.

93 *Idem.*

paysagère paru en 2008, Augustin Berque déplore « la mort du paysage » engendrée par le modernisme du XXe siècle :

> Dans les sociétés modernes la pratique ordinaire engendre la laideur [...] le modernisme a surenchéri sur le moderne pour nous laisser accroire que la notion d'harmonie est périmée, qu'aujourd'hui la beauté se nourrit de contrastes, de tensions, se ruptures.[94]

Une chose est certaine, si nous parlons de paysage pour l'œuvre de Robert Smithson, il répond à des critères tout à fait différents de ceux des siècles passés, entraînant ce que l'on pourrait qualifier de rupture anthropologique, qui modifie à la fois le sujet considéré comme tel et le regard qui lui est porté. Dans *Nature, Art, Paysage*, Gilles Tiberghein écrit ainsi, à propos du nouveau paysage de Robert Smithson, qu'il s'agit « à la fois d'un problème de représentation et de transformation de l'objet[95] ».

Augustin Berque fustige les changements urbains des grandes villes, l'accélération de l'urbanisme, qui détruisent le paysage. Mais cette conception qu'il défend répond à une série de critères et de codes culturels cités dans son ouvrage, rattachés à ceux des siècles passés et font une place d'honneur au paysage naturel pensé en opposition au paysage urbain. Ce qui fait paysage doit-il répondre encore aujourd'hui à une forme d'idéal héritée de la Renaissance et surtout des XVIIe et XVIIIe siècles, sur le modèle du paradis arcadien tel qu'ont pu par exemple le représenter Le Lorrain et Nicolas Poussin ? Ou encore une nature déchaînée à l'anglaise, mais dont le sauvagerie serait là pour témoigner des forces transcendantes de la nature, par opposition à une fragilité humaine ? Ce qui est certain, c'est que ces différentes approches du paysage renvoient toujours à une forme de transcendance. Toujours dans *La pensée paysagère*, Augustin Berque insiste sur cet aspect du paysage qu'il définit par une série de dualité propres au vocabulaire religieux : spirituel/matériel par exemple. Il

94 Augustin Berque, *La pensée paysagère*, Paris, Archibooks, 2008, p. 72-74.
95 Gilles Tiberghien, *op. cit.*, p. 77.

note que les sociétés qui détiennent encore une pensée paysagère sont celles qui rattachent toujours le paysage à une forme de transcendance religieuse.

Or, Robert Smithson et ses contemporains posent un tout autre regard sur la nature, la considérant « fondée sur la réalité de la terre ; précédant l'esprit en ce qu'il existe matériellement à l'extérieur[96] ». L'homme et la nature procèdent d'un même paysage qui « résulte d'une dynamique qui met en jeu le hasard et la nécessité, les transformations voulues par l'homme et celles qui résultent de la nature[97] ». L'appréhension de l'œcoumène a évolué, et une approche qui met activité humaine et activité de la nature sur le même plan remplace la conception divine, idéalisée et transcendantale.

Le chantier entropique

Robert Smithson s'intéresse aux sites « qui ont été bouleversés par l'industrie, [par] une urbanisation incontrôlée ou [par] les destructions de la nature elle-même[98] ». Ces paysages lui apparaissent comme les témoins de la notion d'entropie, centrale dans son travail. Il emprunte ce concept au second principe de la thermodynamique pour fournir un équivalent à la déperdition d'énergie inhérente à la nature.

En décembre 1967 il publie dans la revue *Artforum,* son article « A Tour of the Monuments of Passaic, New Jersey[99] » dans lequel il relate son « voyage initiatique » qu'il illustre d'une série de photographies. Il parcourt en bus la ville de Passaic, située dans l'État du New Jersey, à vingt kilomètres de New York sur les bords de la Passaic River. Le fil du texte suit le fil du voyage et accompagne sa réflexion sur ce qu'il appelle les « new monuments » qui se

---

96 *Ibid.*, p. 78.

97 *Ibid.*, p. 80.

98 *Ibid.,* p. 93.

99 Robert Smithson, *The collected writings,* Berkeley, Calif, University of California press, 1996, p. 55.

déploient dans le paysage suburbain américain. De fait, une des spécificités du territoire américain est son passé récent, qui induit alors un rapport spécifique à l'architecture. Un chantier attire tout particulièrement son attention, situé à côté d'un espace d'eau où sont en construction ce qu'il appelle *The Fountain Monument* et *The Great Pipes Monument* : un ensemble de tuyaux forment un réseau alimentant le point d'eau. Sur une de ses photos, l'artiste a pris soin de faire entrer dans le cadrage le panneau qui indique l'état « en chantier ». Smithson choisit ici de décentrer son regard vers la marge, vers une zone qui semble en décrépitude, et qui par son caractère de « non-site », porte en elle les traces du principe d'entropie qui régit l'univers.

Christine Buci-Glucksmann analyse en partie ce déplacement du regard dans son ouvrage *L'œil cartographique*[100], publié en 1996. Dans le chapitre « L'œil entropique », elle définit le travail de Robert Smithson comme la recherche « d'un équivalent visuel à l'entropie, cette perte d'énergie des systèmes physiques[101] ». Les paysages suburbains sur lesquels travaille Robert Smithson sont généralement vierges d'histoire. Dans l'article *Artforum* il écrit à ce sujet :

> *The suburbs exist without a rational past and without the big events of history. Oh, maybe there are a few statues, a legend, and a couple of curios, but not past.*[102]

Et si les chantiers sont avant tout des monuments en construction, dont l'aspect fragmentaire les rapproche visuellement de la ruine, il y voit l'opposé de la ruine romantique :

---

100 Christine Buci-Glucksmann, *L'œil cartographique de l'Art,* Paris, Galilée, 1996.

101 *Ibid.*, p. 95.

102 Robert Smithson, *op. cit.*, p. 54. « Les chantiers existent sans passé véritable et en dehors des grands événements de l'histoire. Oh, peut-être qu'il existe quelques statues, une légende, ou quelques anecdotes, mais pas de passé ». Trad. A. Ferrere.

This is the opposite of the « romantic ruins » because the buildings don't fall into ruin after they are built but rather rise into ruin before they are built.[103]

Ces « zero panorama », comme il qualifie ses paysages, sont l'effet d'une temporalité entropique, d'un état en suspens, où la seule transcendance serait le chaos. Dans *Paysage et Temps*, Mickael Jacob confirme cette approche en suspens du paysage, dont « l'expérience interrompt la succession modale passé/présent/futur afin d'ouvrir, d' « ex-poser » le sujet à une expérience différentielle et instable ». Robert Smithson « ex-pose » ainsi une matérialisation de la temporalité chaotique de l'univers, en explorant les possibles qu'offre le déplacement du regard, du décentrement et du lieu vide : « Face à la fluctuation de toutes choses, au neutre et à l'anonymat, il convient de faire intervenir l'insignifiant, le prosaïque et le vide du réel lui-même[104] ».

Aussi peut-on voir « A Tour of the Monuments of Passaic » comme ce qui serait le manifeste du « Grand Tour » de l'époque contemporaine. Alors que les intellectuels des XVIIIe et du XIXe siècles faisaient le tour de l'Europe pour contempler les ruines des grandes civilisations occidentales disparues, Robert Smithson trouve un enseignement dans la banlieue des grandes villes américaines, source de sa réflexion, et d'une nouvelle esthétique. À la manière des grands auteurs romantiques du XIXe siècle tels que Gœthe ou Chateaubriand, il relate son voyage initiatique et propose une nouvelle pensée paysagère, celle de l'œil entropique, qui témoigne d'une nouvelle perception sensible de l'espace-temps.

Lara Almarcegui, artiste espagnole travaillant aujourd'hui à Rotterdam, questionne elle aussi les paysages en marge, à travers des photographies de terrains vagues, de maisons abandonnées, et surtout des sculptures

---

103 *Idem.* « C'est l'opposé de la « ruine romantique » car les constructions ne tombent pas en ruine après leur édification mais plutôt s'élèvent sous forme de ruine avant même leur construction ». Trad. A. Ferrere.

104 Christine Buci-Glucksmann, *op. cit.*, p. 115.

monumentales éphémères. En 2012, elle réalise *La montagne de Benlloch*, sculpture constituée des restes de terre de l'important chantier de construction d'un gazoduc long de six kilomètres. Le gazoduc traversait la municipalité de Benlloch sur vingt-six mètres, à travers des champs pour la plupart dévolus à la culture de céréales, d'amandiers et d'oliviers. Après les travaux, elle obtient l'autorisation de récupérer les matériaux dégagés lors du terrassement, soit 150 m^3 d'argile sablonneuse et de calcaire. Ainsi, le volume de l'œuvre est équivalent à celui de la quantité des matériaux laissés après excavation. Elle rassemble tous ces restes en un monticule de terre à l'air libre, qui est ensuite laissé à sa propre évolution. Progressivement, la « montagne » se recouvre de végétation, et la terre récupérée se confond avec la terre sur laquelle elle a été déposée, dans un mouvement naturel. À travers cette œuvre, Lara Almarcegui prolonge les réflexions de Robert Smithson sur l'entropie, en s'intéressant au phénomène d'autodestruction de la nature, à travers une disparition progressive inéluctable, qui questionne la nature même de la sculpture. Le XXe siècle a vu l'abandon progressif du statut d'objet autonome, de la sculpture et l'élargissement de sa conception qui ne se limite plus à celle d'une forme pleine et fermée. *La montagne de Benlloch* présente ainsi une « sculpture », puisque Lara Almarcegui parle bien de « sculpture » pour définir cette œuvre, dont la forme est précisément informe, sans autonomie vis-à-vis de l'environnement dans lequel elle évolue, allant même jusqu'à une contamination du lieu par la sculpture et de la sculpture par le lieu. Les matériaux, ou plutôt devrions-nous parler de matière, se mêlent au fil du temps. Le tas est par définition un amoncellement de matériaux sans autre qualité que son statut le plus élémentaire de matière. Souvent dans les villes des tas de terre ou de gravats se dressent sur des bords de chaussées, ou au détour d'une rue, venant rappeler de façon brutale au passant la réalité concrète des matériaux en quantité considérable qui constituent la ville érigée autour de lui. Cette importance accordée aux matériaux est une constante dans le travail de

Lara Almarcegui. De façon parfois plus conceptuelle, elle dresse la liste des matériaux qui constituent un édifice, et renseigne le poids de chacun en tonne, puis elle affiche la liste sur un mur du bâtiment.

Le chantier, cette phase de la construction où les matériaux sont à l'honneur, devient ainsi chez Lara Almarcegui le symbole du *work in progress* du travail de sculpteur.

Le chantier, paysage du sublime contemporain

Dans un court extrait de l'ouvrage *Le Temps en ruines*, l'anthropologue Marc Augé relate une expérience contemplative, vécue lors d'un voyage à Angkor en 1995 :

> Ce que je visitais était un chantier au travail. On dégageait des fragments d'édifice ; on rangeait et classait les pierres provisoirement extraites de l'ensemble dans un champ de dépose. [...] J'étais bien sur un « chantier », chantier de fouilles, certes, mais chantier tout court, pour autant que ce terme s'applique à un terrain où quelque chose s'édifie.[105]

Et l'auteur de poursuivre :

> Bien sûr, le surgissement des ruines à l'aube, le chantier presque désert à certaines heures, les ombres dans la nuit constituaient un spectacle que bientôt nombre d'adjectifs convenus prétendraient résumer (« féerique », « irréel », « magique ») et dont ceux-là même qui s'y frottaient quotidiennement ressentaient le charme indéfini.[106]

Si, comme nous l'avons soulevé précédemment, nous pourrions parler d'un paysage contemporain du chantier, Marc Augé témoigne ici d'une vision proche d'une esthétique romantique, voire sublime du paysage. Peut-on parler d'une esthétique sublime du chantier ?

---

105 Marc Augé, *Le temps en ruines,* Paris, Galilée, 2003, p. 82.
106 *Idem.*

L'œuvre *Dinner Time* que réalise Alain Bublex en 2005 nous semble tout à fait intéressante à ce propos. Cette œuvre vidéo présente un plan fixe sur une large avenue de Houston en début de soirée, à l'heure du dîner, tandis que la nuit tombe progressivement sur la ville. Les bruits de klaxons et d'hélicoptères animent cette scène urbaine où l'artiste, de la même manière que dans les œuvres de sa série « Plug-in City » directement inspirée des travaux d'Archigram, a greffé numériquement à une image photographique fixe des modules habitables aux couleurs criardes, des grues et des hélicoptères, qui transportent des éléments de chantier. De ce contraste entre l'immobilité de l'image photographique, prise sur le réel, et le mouvement incessant des éléments de chantier insérés, nait une sensation d'étrangeté voire d'instabilité chez le spectateur. La bande son de la vidéo ajoute à ce décalage : les bruits de klaxons animent l'image sur laquelle les voitures sont pourtant figées, immobilisées par l'appareil photographique.

Se pose alors, par cette tension entre une immobilité pesante et une violence sous-jacente, la possible comparaison entre paysage en chantier et paysage romantique. Dans le tableau emblématique *Le voyageur au dessus de la mer de nuages* (1918) de Caspar David Friedrich, un homme de dos, au bord d'une haute falaise, contemple un paysage de montagne envahi par une mer de nuages. Des pics rocheux semblent poindre encore péniblement, figés dans leur monumentalité, face à la menace de la brume blanche. C'est précisément cette tension entre beauté monumentale et menace sous-jacente qui caractérise le renversement entre une sensibilité du beau et une sensibilité du sublime qu'Edmund Burke théorisa au milieu du XVIIIe siècle, reprenant les écrits de Longin, avec à sa suite les textes de Diderot et Mercier : « Quand le sublime vient à éclater où il faut, il renverse, tout comme un foudre ». Dans la vidéo d'Alain Bublex, une même tension semble s'installer, à l'heure du crépuscule, temps romantique par excellence, qui projette le spectateur dans les conditions idéales pour contempler un monde en fuite. La force de la nature tourmentée des peintres romantiques a laissé place à la force technique des paysages urbains. Les montagnes ensevelies du tableau de Caspar David Friedrich sont supplantées par les gratte-ciels que viennent parasiter les grues et les échafaudages, dans une violence d'une autre nature mais tout aussi délicieusement effroyable.

Ici, ce n'est plus la nature qui envahit les traces de vie humaine mais l'activité humaine elle-même, prise dans un tourbillon de construction et déconstruction. Alors que l'immensité de la nature panthéiste menaçait et fascinait les esprits romantiques, c'est l'activité humaine elle-même qui menace. L'infini du divin a laissé place au nihilisme occidental de la fin du XXe siècle.

Chapitre 6

Imagerie & imaginaire du chantier

Archigram : transformer le chantier en architecture

Dans les années 1960, les jeunes architectes britanniques du groupe Archigram, Warren Chalk, Peter Cook, Dennis Crompton, David Greene, Ron Herron et Mike Webb, se lancent dans la conception de projets fantasmagoriques qui, bien qu'ils ne soient la plus part du temps pas conçus en vue d'une réalisation concrète, influencèrent de nombreux architectes de la fin du XXe siècle et créèrent une iconographie architecturale et artistique particulière, essentiellement imaginée à partir d'éléments appartenant au domaine du chantier urbain. Ce groupe de jeunes étudiants britanniques s'est d'abord formé autour d'un magazine indépendant, *Archigram*, publié entre 1961 et 1974.

En 1994 se tient au Centre Pompidou une grande rétrospective sur le groupe, dont le travail, comme le rappelle François Barré dans l'introduction au catalogue[107], s'est construit en opposition au Mouvement moderniste par un refus de l'idéologie et une relativisation extrême de

[107] Cat. d'exp. « Archigram », Paris, Centre Georges Pompidou, sous la direction d'Alain Guilheux.

l'histoire, de l'architecture et de la création en général. L'architecture à Londres était alors monopolisée par la célèbre agence d'architecture et d'urbanisme d'État, la London County Council (LCC), qui travaillait principalement à la conservation d'un vocabulaire pittoresque à travers des programmes de maisons, de villages folkloriques et de centres d'affaires monumentaux. Très vite, *Archigram* s'est radicalement opposé à cette architecture dominante, choisissant de ne plus considérer l'espace urbain comme une simple succession de bâtiments et se libérant du principe de permanence propre au début du XXe siècle. Ils trouvent alors leurs sources d'inspirations dans la « low culture », décriée par Clement Greenberg dans son texte *Avant-garde et kitsh*[108]. Cette culture pop était déjà bien affirmée en Angleterre autour des artistes de l'Indépendant Group, dont l'exposition *This is tomorrow* en 1956 marqua l'avènement. Les créateurs d'Archigram partageaient sur de nombreux aspects les idées innovantes des artistes du pop art britannique, dont la célèbre définition donnée par Richard Hamilton dans une lettre en 1957 est devenue emblématique : « Pop art is: popular, transient, expendable, low-cost, mass-produced, young, witty, sexy, gimmicky, glamorous and Big Business ».

Comme les artistes pop, ils revendiquaient une « esthétique du jetable[109] », basée sur le principe de la « consumabilité » théorisé par Reyner Banham et appliqué à l'architecture. Lié à l'Independant Group, Reyner Banham présageait un deuxième âge de la machine et du consumérisme. En 1969, il publie *The Architecture of Well-Tempered Environment*[110], dans lequel il met en avant les éléments mécaniques et technologiques internes au bâtiment, généralement non visibles de l'extérieur et cachés derrière la façade, tels que l'électricité, l'air climatisé, privilégiant ainsi le développement des technologies à

---

108 Clement Greenberg, « Avant-garde et kitsch », *Art et culture*, Paris, Macula, 1989, p. 13.

109 *Ibid.*, p. 23.

110 Reyner Banham, *Architecture of the Well-Tempered Environment*, Chicago, University of Chicago Press, 1989.

l'étude classique de la structure. Les membres d'*Archigram* partagent les idées de Reyner Banham et font même de ces éléments techniques et mécaniques la base de tous leurs projets.

La priorité donnée aux éléments techniques et mécaniques dans les projets toujours de plus en plus loufoques d'Archigram aboutit finalement à la création d'une imagerie tout à fait innovante, même si elle n'a pas conduit à leur réalisation. En 1958 Mike Webb réalise un projet dans le cadre de ses travaux de quatrième année à la Regent Street Polytechnic. Les étudiants devaient concevoir un bâtiment de prestige, et Mike Webb propose le *Bâtiment FMA,* un bureau pour l'Association des fabricants de meubles. Le plan d'élévation révélait un bâtiment en trois parties aux structures très différentes, aboutissant à une superposition de trois unités totalement indépendantes. Ce qui relie finalement ces trois parties entre elles est un réseau de circulations tubulaires verticales qui « recouvre », ou plutôt qui englobe le bâtiment.

Ces formes tubulaires verticales, qui apparaissent assez tôt dans les recherches des membres du groupe Archigram constituent un des éléments fondateurs et caractéristiques de leur iconographie. Là encore, l'influence de leur travail est notable sur les architectes des générations suivantes, comme en témoigne le Centre Pompidou, inauguré en 1977 et réalisé par Renzo Piano et Richard Rogers, où l'on retrouve ce système de structure en tube sur le bâtiment. Cette structure apparaît à nouveau en 1961 dans un projet de logements économiques réalisé par Peter Cook, *Metal Cabin Housing* avec cette fois l'apparition d'un nouveau composant caractéristique de l'imaginaire d'Archigram, celui des éléments industrialisés à brancher sur une mégastructure. C'est finalement en 1962 avec le projet du *Nottingham Shopping Center* proposé par Peter Cook et David Greene que des engins de chantier sont ajoutés à la structure générale. Le plan d'élévation présente une mégastructure composée d'éléments hétéroclites (demi-sphères, unités empilées les unes sur les autres et fixées à la structure d'ensemble, système d'aération...), reliés par un réseau de formes tubulaires horizontales et verticales, au sommet duquel sont fixées à chaque extrémité des grues qui peuvent circuler et délivrer les marchandises. Sont également intégrés la circulation automobile et l'espace d'accrochage publicitaire.

Les grues sont ici directement rattachées à la structure du bâtiment. Non seulement elles peuvent être déplacées sur l'édifice grâce à un chemin de grue intégré, transformant ainsi la physionomie d'ensemble de l'architecture qui n'a plus de forme fixe, mais par leur action elles renforcent aussi le caractère éphémère et transitoire de la structure en transportant des éléments, en les remplaçant, ou encore en rechargeant les colonnes d'alimentation en énergies, biens de consommation, etc. Les unités modulables sont également un élément important propre au vocabulaire du chantier urbain. Les chantiers disposent souvent de ce type de constructions modulaires temporaires, conçues de manière à pouvoir être montées puis démontées rapidement. Les architectes d'Archigram développent ce concept en l'adaptant aux logements pour la vie quotidienne. En 1964, Warren Chalk propose ce qu'il appelle une « Capsule Home » :

> Un ensemble d'éléments qui, bien qu'étant commodément et efficacement fixés ensemble, étaient totalement interchangeables. [...] Il y aurait continuellement échange entre des éléments qui évoluent constamment. [...] Chaque élément, fait sur mesure, devait pouvoir être réactualisé en fonction des progrès techniques et des besoins de l'utilisateur.[111]

Ainsi les modules devaient être empilés les uns aux autres pour aboutir à la structure d'une tour, tandis que de grandes grues devaient pouvoir remplacer et intervertir les éléments. C'est finalement le projet *Plug-in City* proposé en 1964, qui marque l'aboutissement des recherches précédentes sur une architecture modulable, transformable indéfiniment, une architecture en perpétuel chantier. La

[111] *Ibid.,* p. 80.

« ville » est constituée d'une mégastructure de béton articulée par un réseau de circulations tubulaires où domine cette fois les lignes diagonales.

> L'apparition de la diagonale n'est pas seulement le fruit d'une priorité expérimentale dans la fabrication d'un équipement courant, puisqu'elle suppose également une utilisation de la structure, nouvelle dans le bâtiment : à savoir fournir une protection à l'intérieur de laquelle la croissance et le changement (le remplacement des parties fonctionnelles) pourront se faire.[112]

Le réseau est ainsi organisé entre des lignes horizontales et verticales qui permettent le déplacement rapide de la population et des unités habitables, auxquelles s'ajoute une grille de grandes voies diagonales sur lesquelles les grues et autres engins de construction peuvent facilement se déplacer d'un point à l'autre de la structure. Dans leur projet, les architectes prévoient la durée de vie ou d'utilisation de chaque élément :

> Salle de séjour, chambre : 5 à 8 ans
> Emplacement de l'unité d'habitation : 15 ans
> Surface de vente dans les magasins : 6 mois
> Emplacement des magasins : 3 à 6 ans
> Lieux de travail, ordinateurs, etc : 4 ans
> Parking et routes : 20 ans
> Mégastructure principale : 40 ans.[113]

Les éléments du chantier urbain sont ainsi utilisés par les architectes est urbanistes dans une démarche qui vise à s'adapter à une société en perpétuelle mutation, qui dans l'imaginaire d'Archigram ne détruirait plus pour reconstruire, mais serait tout simplement, par nature, en continuelle transformation. L'invisible du chantier devient visible, et organise l'ensemble des projets.

---

[112] *Ibid.*, p. 86.
[113] *Idem.*

Quand le chantier devient forme

Si la mobilité et les usages sont une priorité pour Archigram et prennent le pas sur la forme et l'apparence du bâtiment, ce primat de l'usage sur la forme est à nuancer, les éléments fonctionnels empruntés au chantier devenant un véritable vocabulaire formel. Dans le catalogue de l'exposition Archigram du Centre Pompidou, Alain Guiheux soulève lui-même cette contradiction, en expliquant que le travail des architectes du groupe dépasse d'un point de vue formel les problématiques liées à l'architecture pour créer de façon plus générale une nouvelle iconographie de la ville :

> Quelle est alors la créativité propre à l'architecture si elle se résume au déplacement de technologies et de formes [...] et qu'en retire-t-elle, si ce n'est une imagerie ? La découverte d'Archigram est moins d'avoir inventé une nouvelle architecture que [...] la découverte de la révolution architecturale que produisent les projections d'images, leur véritable innovation.[114]

En 1969, ils imaginent *Instant City*, un de leurs derniers projets. Cette ville de l'éphémère, qui ne se rattache à aucun lieu spécifique, est conçue de façon à pouvoir se « poser » en différents endroits. Il existait deux versions de ce projet. Dans la première, les éléments étaient transportés par de gros camions, et dans la seconde version, la plus audacieuse, ils étaient transportés par des dirigeables et des montgolfières. Il y a quelque chose de l'invasion avec *Instant City*, qui se pose sans crier gare dans une ville. Peter Cook insiste sur cet espace dans une vidéo où il présente le projet. Pour lui, « l'apparition » de la ville constitue un véritable scénario, son installation mystérieuse se révélant partie intégrante du projet architectural :

> Imaginez qu'*Instant City* descende sur votre ville. C'est assez mystérieux. [...] On entend d'abord un léger bruit

---

[114] *Ibid.,* p. 10.

dans le ciel, puis on se réveille le matin, on regarde par la fenêtre et tout est descendu.[115]

Ce projet est né à Los Angeles, alors que l'architecture Googie était très en vogue à l'époque. Apparu en 1952 sous la plume de Douglas Haskell dans un article intitulé « House and Home », le terme de « Googie » qualifiait un courant artistique et architectural des années 1950 qui correspondait à l'esthétique des commerces situés le long des autoroutes américaines, aussi appelée « architecture canard », visant à moderniser le style des motels, des cafés... L'iconographie d'*Instant City* mêle des éléments architecturaux très divers, qui s'inspirent de la publicité et des symboles commerciaux empruntés au paysage suburbain californien et de tous autres éléments de la culture populaire présents dans l'imaginaire collectif de l'époque. Peter Cook dit par ailleurs avoir été très inspiré par les photos du festival Woodstock qui avait eu lieu peu de temps avant la conception des dessins d'*Instant City*.

Le plan d'*Instant City* prévoie les emplacements de grues cruciformes destinées d'une part à faciliter l'installation des différents modules habitables, (généralement en forme de tente), et d'autre part à garantir leur mobilité. Finalement, ces grues deviennent un motif essentiel de l'imagerie d'Archigram, à la fois fonctionnel et symbolique, élément fondamental du caractère éphémère et transitoire de leur esthétique. Sur un dessin de vue panoramique, elles scandent l'espace, sortes de motifs abstraits cruciformes blancs et noirs qui contrastent avec les couleurs vives du reste du dessin.

Comme le chantier urbain, *Instant City* se greffe à la ville déjà existante et en modifie son uniformité et sa régularité au moyen de structures modulables. Le chantier et *Instant City* reconfigurent la ville, la déforment, en occupent les espaces interstitiels et vides pour une durée plus ou moins longue. Une imagerie nouvelle vient ainsi

115 Vidéo documentaire disponible en ligne : "http://www.youtube.com/watch?v=Hw5gIOqqzwc"

donner forme à la ville déjà existante, en exploitant les possibles qu'offrent ses marges.

Jeu de perspective & de cadrage

Dans les projets du groupe Archigram, les grues transportent également des images monumentales, empruntées à l'iconographie pop, qui sont suspendues dans la ville. Ces images, à l'instar des palissades qui entourent les chantiers urbains, obturent la vue et contraignent autant qu'elles modifient la vision du paysage. Affiches publicitaires et palissades de chantiers constituent alors des écrans dont la bidimentionalité créée une rupture de la perspective. Sur certains dessins d'*Instant City,* nous pouvons voir de grands murs d'images en suspension qui oblitèrent une partie des façades de la ville et superposent un autre degré de fiction, d'autres coloris, à celui de la ville existante. Les images aux couleurs vives choisies par Peter Cook renvoient notamment à une imagerie de l'exotisme, du paysage fantasmé. Dans un article intitulé « Le chantier comme exercice pratique d'inachèvement lié à l'incertain[116] », paru en 2006, Luce Lefebvre analyse une œuvre de Pierre Huyghe réalisée en 1994, *Chantier Barbès-Richechouart, Billboard* qui se présente comme la photographie d'un chantier devant lequel un panneau publicitaire affiche une photographie de ce même chantier sous un autre point de vue, créant ainsi un effet de mise en abyme de l'espace :

> Les parties dans l'image se recoupent en révélant des temps de prises différents (temporalités autres) s'appuyant sur le doute créé entre la réalité et la fiction, induisant une difficulté de perception de l'image en sa totalité. Une image puzzle où les morceaux s'ajustent parfois parfaitement (photo première idéalement apposée à la perspective réelle), ouvrant à une pareille indécidabilité perspective.[117]

[116] Luce Lefebvre, *op. cit.*, p. 34.
[117] *Idem.*

Il y a dans l'œuvre de Pierre Huyghe un jeu de superposition des images qui induit une superposition d'espaces et de temporalités, voire même une superposition entre réalité et fiction. Cette esthétique d'une image puzzle, organisée à partir de différents degrés de fiction, se retrouve aussi dans les projets d'Archigram.

> Ici, l'incertitude créée à partir de ce que l'on voit, induit ce que l'on pourrait appeler des séquences imaginaires et différées, ouvre à l'idée d'une culture possible de l'incertain, dans la ville – et la société – à partir d'un regard, mêmement incertain, posé sur une image, qui se présente ainsi en tant que fragment – segment – révélateur.[118]

Si nous revenons à *Instant City,* les palissades semblent constituer une marge, un cadre, participant d'une mise en scène de son espace fantasmagorique. Le chantier, théâtre d'un monde en train de se construite, apparaît comme les coulisses de notre monde, sa face cachée. Nous retrouvons également cette question chez Alain Bublex. Dans sa monographie, il aborde la problématique du chantier comme spectacle, sujet à la contemplation. Pour lui, il devient « une façon de pointer le monde autour de nous. [...] On voit souvent, des gens regarder très longtemps, un peu fixement, les travaux d'aménagement qui se font en ville : le chantier c'est la blessure du présent, l'idée d'un monde en transformation[119] ».

Les motifs de la palissade et de l'échafaudage posent cette question centrale de l'intérieur et de l'extérieur, de la face visible et de la face invisible d'un élément. Ils interrogent la question de la visibilité, et l'échafaudage est souvent ce qui ne devrait pas être vu (qui n'est pas digne d'être vu). Il est l'envers du décor. Les enseignes sont d'ailleurs fixées à des structures métalliques similaires à celles utilisées pour les échafaudages, et les deux motifs se rapprochent d'un point de vue iconographique, permettant

---

[118] *Ibid.,* p. 3.

[119] Alain Bublex, *op. cit.*, p. 3.

souvent aux artistes de développer une esthétique qui joue sur l'envers du paysage urbain, sur ce que nous ne devrions pas voir mais qui pourtant est bien là, à la vue de tous, créant des effets de contraste entre apparence et face cachée.

Utiliser l'échafaudage pour sa géométrie formelle n'est pourtant pas une nouveauté, comme nous l'avons vu plus haut, avec l'analyse des photographies de Louis-Emile Durandelle. L'agencement géométrique de barres métalliques verticales et horizontales, qui pouvait au départ être considéré comme dénué de toute dimension esthétique, va devenir un motif récurent dans l'architecture et l'art. Déjà, pour l'exposition universelle de 1889, la Tour Eiffel prenait la forme d'un monument exclusivement composé d'une structure métallique se déployant par un réseau géométrique de lignes verticales, horizontales et obliques, proches de celui d'un échafaudage. Les photographies de son édification prises par Théophile Féau soulignent cet aspect, tant la différence entre les éléments architecturaux et les éléments de l'échafaudage qui soutiennent l'élévation du monument semblent se confondre. Un monument qui se présente comme un immense échafaudage, une immense structure privée d'épiderme.

Le travail du photographe Stéphane Couturier est également intéressant à ce sujet. Plusieurs de ses photographies interrogent l'enveloppe des édifices, qui s'étendent telles des surfaces planes sur l'ensemble de l'image, à la manière d'un all-over. C'est le cas par exemple de plusieurs clichés de sa série « Monument(s) » commencée en 1999, dont la planéité relève presque du genre pictural. Dans une photo prise en 2000 à Paris dans le quartier de la Défense, la façade d'une grande tour d'habitation vide, probablement vouée la destruction, occupe tout l'espace photographique, ponctué par la répétition des fenêtres qui deviennent motif géométrique abstrait. Ce même effet d'aplanissement géométrique se retrouve dans la photographie *Monument n° 3 de Pékin* datée de 2001-2002. Cette fois la façade n'occupe pas tout l'espace de la composition, mais elle fait barrage à toute tentative de perspective. Sa frontalité est ici renforcée par le réseau dense d'échafaudages qui habille le monument et le rend comme infranchissable. Dans l'ouvrage *Mutation*[120] consacré au travail de Stéphane Couturier, Matthieu Poirier écrit :

> Par la monumentalité de leur format, par leur déhiérarchisation formelle de type all over, ainsi que par leur attention portée à la planéité et à la délimitation de cette planéité, les œuvres engagent également un dialogue nourri avec l'histoire de la picturalité moderniste telle qu'elle fut portée par le critique Clément Greenberg et les expressionnistes abstraits new-yorkais.[121]

Dans la monographie *Stéphane Couturier photographies*[122], Mathieu Poirier met en parallèle un cliché de l'artiste pris au Grand Palais en 2003 avec le célèbre tableau *New York City I* de Piet Mondrian, réalisé en 1942. La photographie, qui n'est pas ici celle de la façade mais celle de l'intérieur de la grande nef en travaux, révèle la grille formée par les échafaudages, donnant à la profondeur habituelle de la nef un effet de resserrement sur elle-même, d'aplanissement de l'espace.

> Ramené frontalement à la surface de l'image, l'espace n'est pas pour autant dépourvu de profondeur. Néanmoins, il n'est pas question de profondeur dans le sens d'une ouverture atmosphérique sur le lointain, mais plutôt d'un « espace maigre » comme celui des œuvres new-yorkaises de Piet Mondrian, dont l'enchevêtrement subtil des lignes constitutives suggère une tridimensionnalité toute mentale.[123]

Tout l'appareillage géométrique du chantier devient ainsi un réseau de formes abstraites qui dessinent et

---

120 Cat. d'exp. « Stéphane Couturier : mutations », sous la direction de Mathieu Poirier, Paris, Galerie de photographie, BNF, Paris, Éd. BNF, 2004.

121 *Ibid.*, p. 11.

122 Mathieu Poirier, *Stéphane Couturier : photographies*, Paris, l'Insolite, 2005.

123 *Ibid.*, p. 9.

découpent l'espace. Il recouvre les façades et aplanit leurs surfaces, mais il peut aussi creuser les surfaces et faire transparaître les différentes strates qui constituent les édifices et les paysages urbains. Pour sa série « Archéologie Urbaine », réalisée entre 1995 et 2010, Stéphane Couturier photographie des chantiers dans de grands centres urbains tels que Paris, Berlin, Moscou, ou encore Séoul. Dans cette série la prise se vue est toujours frontale, dans un cadrage resserré sur une multitude d'éléments hétéroclites (palissades, poteaux, lignes ferroviaires, gravats, grues et autres engins de chantier) qui saturent l'image. L'absence de ciel ou de toute autre ouverture renforce la densité de l'image qui, sans point de fuite, se voit ramenée à sa planéité. Par ce procédé de composition et de cadrage photographique, Stéphane Couturier induit une déhiérarchisation de l'image où le regard peine à se fixer sur un élément en particulier. Pas d'objet central à la composition qui est comme éclatée, ou plutôt étalée, dans une forme de chaos où chaque détail de la photographie devient important et devient potentiellement le sujet de la photographie. Les matériaux qui composent ces fragments de l'espace urbain, généralement considérés comme sans intérêt, sont ici portés au premier plan et exposent au regard la richesse plastique de leur surface, de leur matérialité. Le regard est porté à fixer son attention sur la terre en friche, ou encore sur une palissade, qui devient surface plastique de part ses variations de couleurs, ses irrégularités dans la forme.

L'espace déhiérarchisé de la photographie fait ici écho à l'espace en chantier en tant qu'espace éclaté, composé d'éléments fragmentés. Regarder un chantier c'est avant tout regarder la matière avant qu'elle prenne forme, ou après que la forme soit détruite, dans un entre-deux de la matière, à un moment donné. D'un point de vue plastique, à l'échelle de la création, ce sont les matériaux dans leur état le plus trivial qui sont donnés voir. Ainsi, par une déhiérarchisation des éléments photographiés qui éclate le sujet et par le renvoie de l'image à sa planéité, Stéphane Couturier révèle ce qu'il appelle une « archéologie urbaine ».

Dans la majorité des photographies de cette série, Stéphane Couturier compose son image par une superposition de strates horizontales, dans une annulation de la profondeur du paysage. À l'image d'une coupe stratigraphique archéologique qui analyse les couches sédimentaires d'un site pour en déduire la chronologie, Stéphane Couturier analyse ici la plasticité d'un paysage urbain comme autant de strates superposables par le prisme de la photographie. De même que les variations des couches sédimentaires d'un site archéologique sont rendues visibles par des changements de couleurs et de matière, ici l'espace urbain est décomposé en une superposition de jeu de matières et de couleurs contrastées. Chaque strate, qui n'existe qu'à travers la composition photographique, devient une unité fragmentaire de l'image, avec ses caractéristiques propres, prolongeant ainsi l'abstraction du réel par la photographie.

En outre, le parallèle entre stratification archéologique et stratification des images chez Stéphane Couturier interroge la nature même du medium photographique. Sur un site archéologique la superposition des couches sédimentaires est dessinée mais également photographiée, le dessin et la photographie apparaissant comme deux outils d'enregistrement et de rationalisation scientifique d'une donnée. Alors que le dessin propose une interprétation schématique du réel, l'image photographique révèle certes des détails de façon exhaustive mais sans les hiérarchiser. C'est un des enjeux propres à l'œuvre de Stéphane Couturier ici présentée, et un des enjeux fondamentaux du medium photographique depuis ses débuts.

Dans certaines œuvres de l'artiste Alain Bublex, nous retrouvons également ce travail sur la construction de l'image par les éléments structurants du chantier. L'échafaudage est à la fois un outil de cadrage photographique, un filtre au travers duquel le regard se projette, mais il est aussi un élément géométrique abstrait, qui renvoie l'image à sa plasticité, interroge sa profondeur. Dans sa série « Projets en chantier », déjà citée précédemment, il imagine une transformation de l'artère principale de la ville de Tours, la RN10. Les images de son projet qui mêlent photos réelles et images de synthèse proposent la réalisation de ponts constitués de structures s'apparentant à des échafaudages qui traversent la grande avenue et relient les immeubles entre eux. Les ponts fictifs qu'il greffe ainsi à ses photographies soulignent la profondeur de la rue et creusent les images, ils sont un repère dans l'espace, rendant compte des distances entre les éléments, de la même manière que les grues et autres armatures monumentales des chantiers ponctuent aujourd'hui le paysage urbain.

Ces deux chapitres, autour de la question du chantier comme paysage et comme nouvelle iconographie, questionnent tant les potentialités esthétiques d'un sujet que la construction même d'une image, et révèlent ainsi l'intérêt éminemment contemporain du chantier comme motif artistique. S'il a pu être réduit à ses potentialités dialectiques, entre modernisme et postmodernisme, son véritable enjeu aujourd'hui est ailleurs, ouvrant un champ d'interrogation esthétique sur notre rapport au temps, à l'espace, au réel et à la fiction, mais aussi au processus créatif et à la construction d'une image.

4ème moment

De l'art dans l'espace en chantier

Chapitre 7

La commande publique
Terrain de rencontre entre art & chantier

Si le chantier est ainsi devenu un support esthétique, symbolique ou encore philosophique pour de nombreux artistes contemporains, depuis quelques années il est également envisagé comme espace possible de création, et certaines initiatives tendent même à explorer ses potentialités en tant que lieu d'exposition, dans la lignée d'un processus de sorti des œuvres de l'espace traditionnel de l'atelier, de la galerie ou du musée. La rencontre entre art et chantier ne s'opère plus simplement de façon théorique et plastique dans l'œuvre, mais aussi de façon concrète dans l'espace public, dans la ville.

Rappelons, à l'appui du cas du Tacheles déjà évoqué plus haut, que certaines initiatives artistiques sur des espaces voués à une déconstruction/reconstruction avaient déjà vu le jour à Berlin, mais à travers une démarche de distanciation vis-à-vis des pouvoirs publics, dans une forme de marginalisation revendiquée.

Si nous prenons le cas de la France, il apparaît de façon paradoxale que c'est à l'initiative des pouvoirs publics que les propositions artistiques sur les espaces en chantier vont se multiplier, révélant l'ambiguïté d'une démarche, entre affirmation de la valeur et de la spécificité d'un territoire et processus de légitimation d'une transformation du territoire, en faisant un enjeu politique.

De l'atelier au chantier, lieu préparatoire

> [Le chantier] est le lieu d'une préparation, tout en étant dans un processus de préparation. Il existe du fait d'être le projet de quelque chose qui l'investira et l'habitera. [...] Qui plus est, sur le chantier des spécimens encore en devenir, quantité de bois rejetés traîne laissé derrière par les équipes de construction. Matériaux et modèles s'offrent ainsi littéralement aux artistes en recherche d'inspiration.[124]

Dans cet extrait d'un article intitulé « Du chantier au squat », Sylvain Campeau soulève le lien possible entre espace en chantier et création artistique, en tant que lieu où est rendu visible quelque chose en train de se faire. Le chantier, constitué d'un amoncellement de matériaux, est le lieu où la matière prend forme, où le processus créatif s'opère, tandis que le projet se confronte à la réalité de l'espace et de la matière. Sylvain Campeau appuie son analyse sur le travail du collectif d'artistes québécois BGL formé en 1996, qui regroupe Jasmin Bilodeau, Sébastien Giguère et Nicolas Laverdière. S'ils ne travaillent pas sur les chantiers à proprement parler, ils conçoivent le « terrain » de création comme tel : « C'est souvent sur le terrain que les projets nous apparaissent et sont conçus. Le terrain stimule ![125] » Le chantier urbain devient métaphore de l''atelier de l'artiste, lieu « des potentialités signifiantes, tant du point géographique que social[126] ».

> Dans les alentours gisent aussi des possibilités. Tout est là, matière à déployer et à concevoir l'œuvre. Il s'agit donc d'une exploitation du terrain comme chantier potentiel, mais qui s'ignore. Le chantier est donc partout autour, pour qui sait voir ce qui réside comme résidus d'un sens à

124 Sylvain Campeau, « Du chantier au squat », *ETC* n° 73, 2006, p. 29.

125 *Idem.*

126 *Ibid.*, p. 29.

> constituer et à enrichir. On retrouve ici les caractéristiques spécifiques du chantier déjà évoqué : lieu préparatoire et lieu d'une préparation.[127]

Plus qu'un lieu de « réalisation », le chantier est pour les artistes du groupe BGL le lieu de « préparation », le lieu de glanage des idées et des matériaux. C'est ainsi qu'ils relatent la conception de *La Villa des regrets*, construite en 1999. Cette œuvre présente la charpente inachevée en bois d'une maison qu'ils ont installée dans la nature, entre quelques arbres aux abords d'un champ. L'idée de cette œuvre leur est venue alors qu'ils se rendaient au Troisième Imperial à Granby (Québec), centre d'art contemporain voué à la diffusion de l'art dans des espaces non prévus à cet effet. Ils tombent sur un grand chantier d'habitations en construction progressant sur la campagne vierge. Les maisons sont conçues sur le modèle type de la villa victorienne qui a inspiré les promoteurs lors de cette construction en série. Certaines bâtisses sont encore à un stade primaire de construction et offrent aux artistes des matériaux, comme des chutes de bois, laissées derrière par les équipes de construction. C'est donc en partie sur le terrain en chantier, devenu lieu de préparation de leurs œuvres, qu'ils trouvent une quantité importante de matériaux et un modèle de construction pour leur *Villa des regrets*.

Néanmoins, ne perdons pas de vue que pour de simples raisons de sécurité, le chantier ne peut être le lieu de réalisation de l'œuvre, difficulté à laquelle vient s'ajouter le nombre important d'acteurs qui entrent en jeu dans les campagnes de travaux urbains (commanditaires, architectes, urbanistes, entrepreneurs) Le chantier est un espace interdit, protégé, voire masqué par des palissades, des grillages… C'est ainsi par l'intermédiaire des pouvoirs publics, dès les premières étapes d'un projet urbain, qu'une collaboration entre artistes et acteurs du chantier est rendue possible, via la commande artistique, faisant du chantier non plus un lieu de l'interdit mais un espace d'invitation.

---

[127] *Idem.*

Artistes & acteurs du chantier : une collaboration

Le renouveau de l'art dans l'espace public est, me semble-t-il, un élément majeur pour la question qui nous occupe sur les liens entre art contemporain et chantier et soulève un certain nombre d'enjeux symptomatiques de notre époque.

Rappelons tout d'abord que le déplacement de l'art vers (et dans) le chantier va de pair avec un déplacement plus général de l'art dans l'espace public qui s'est considérablement développé depuis les années 1960, à travers la systématisation progressive de la commande artistique. En France, le rôle délibérément assigné à la commande artistique est « de contribuer à l'enrichissement du patrimoine national et du cadre de vie par la présence d'œuvres d'art en dehors des seules institutions spécialisées dans le domaine de l'art contemporain[128] ».

Comment s'est opéré ce basculement du chantier en tant qu'espace de création marginalisé au chantier comme espace privilégié de la commande publique artistique ? Au départ, la commande artistique traitait plutôt du monumental, et devait répondre à une fonction mémorielle et de pérennité. Comment le chantier urbain, qui est avant tout espace de la transformation, a-t-il pu intégrer le champ de la commande publique ?

La commande publique n'a pas émergé dans les années 1960 et connaît elle aussi son histoire qui rend compte d'une importante évolution de ses principes et de ses procédures. Très présente sous l'Ancien Régime, puis sous la Troisième République, elle se limitait alors à la réalisation de monuments commémoratifs ou politiques, sous forme de maîtrise monarchique ou princière. Déjà sous la Quatrième République un tournant s'était opéré avec l'arrêté de 1951 sur les 1% dans les établissements scolaires. Puis, dans les années 1970, un second tournant

---

[128] Définition donnée par le Ministère de la Culture, Disponible sur le web : "http://www.culturecommunication.gouv.fr/Disciplines-et-secteurs/Arts-plastiques/Soutiens-aux-arts-plastiques/La-commande publique"

est advenu avec la possibilité de détacher l'application du 1% des bâtiments eux-mêmes et de l'étendre à l'espace public. Les commandes ne se limitaient plus à un élément ajouté à l'architecture mais s'envisageaient dorénavant à échelle urbaine.

Ce premier élément est décisif puisqu'il désolidarise l'œuvre commanditée d'un bâtiment fini, construit, pour l'étendre à la notion d' « espace ». Ce glissement sémantique de la conception du territoire urbain par les pouvoirs publics a pu conduire à considérer le chantier comme un espace potentiel. Dans « l'art et la ville », Jean-Dominique Secondi, directeur artistique de la commande publique qui accompagnait la construction de la ligne de tramway à Nice, remarque « l'expression *intervention artistique urbaine* prend aujourd'hui le pas sur celle *d'art public*, révélant une approche plus active des artistes sur la ville[129] ».

Ce développement de l'art dans l'espace public, qui témoigne d'une politique volontariste de l'État, va de pair avec le tournant de l'art en France et à échelle internationale, les années 1960 étant marquées par le Land Art aux États-Unis, ou encore le Street Art qui se développe à cette même époque un peut partout dans le monde. Plusieurs colloques et expositions se sont tenus sur le sujet, comme *L'art et la ville* à Royaumont en 1976, ou encore en 1993 la rencontre internationale autour de l'Art public au Musée d'Art Moderne de la Ville de Paris. La commande publique est passée progressivement du monument commémoratif au 1% rattaché à un monument spécifique, pour finalement à partir de 1972 s'étendre à l'environnement en construction dans son ensemble. Les œuvres ne font alors plus office de ce qui a parfois pu être qualifié de « cerise sur le gâteau », reproche souvent porté à la pratique du 1%, et les artistes tentent d'incorporer l'acte créatif à l'acte de production de l'espace urbain. Bien souvent l'œuvre commanditée ne se réalise plus simplement en aval mais en amont du projet architectural ou urbain. L'artiste n'est plus isolé mais est invité à suivre le

[129] Renaud Camus, *La commande publique*, Paris, POL, 2007, p. 16.

déroulement des travaux depuis le projet jusqu'à la construction finie, en lien avec les différents acteurs du projet (collectivité, architecte, ingénieur…etc.). L'œuvre est ainsi pensée et réalisée sur la même temporalité que celle du chantier. En général, un appel d'offre à différents artistes est lancé, et après une première sélection les artistes choisis concourent en vue de proposer un projet plus abouti, en adéquation avec le cahier des charges et avec les différents acteurs du comité de pilotage. Bien qu'un seul projet ne soit finalement retenu, cette première phase de propositions fait partie intégrante de la commande publique et fait ainsi écho au chantier urbain auquel il se rattache qui lui aussi peut-être susceptible d'évoluer. Les maquettes ou dessins demandés aux artistes lors du contrat sont considérés comme des œuvres à part entière et peuvent être intégrés aux collections du FNAC, constituant ainsi un ensemble significatif, à la fois sur la genèse d'une œuvre et sur l'histoire d'une politique.

Néanmoins, si le temps de la réalisation de l'œuvre commanditée se calque sur celui du chantier, qu'en est-il du rapport entre le travail artistique et le lieu spécifique des travaux ? Existe-t-il, outre une correspondance temporelle, une véritable correspondance spatiale ? Les deux projets, urbain et artistique, peuvent-ils réellement se rencontrer ? C'est probablement sur ce point que réside l'évolution de la commande publique au cours de ces dernières années, poussant la démarche encore plus loin en prenant le chantier urbain lui-même comme espace de création, voire d'exposition.

Christian Bernard, conservateur en chef du MAMCO à Genève jusqu'en octobre 2015, s'est révélé être une des figures de proue de ce nouvel élan de la commande publique. Déjà en 2000, lorsqu'il fut invité à diriger le comité de pilotage de la commande publique dans le cadre de la deuxième ligne de tramway à Strasbourg, il s'attacha à « préférer la notion d'intervention artistique à celle d'implantation d'œuvres d'art[130] ». Outre les réalisations de plusieurs œuvres qui ont ponctué les différentes stations de la nouvelle ligne du tramway, Christian Bernard a proposé une autre forme de commande en invitant l'artiste photographe Nicolas Faure à prendre le chantier comme sujet de son travail et à réaliser une centaine de portraits des travailleurs du chantier. Ces photos devaient ensuite être affichées temporairement sur les panneaux publicitaires qui furent disposés le long du chantier. Avec cette première proposition, l'environnement du chantier devient le lieu d'exposition du travail artistique, à travers le réinvestissement des panneaux publicitaires déjà présents sur le lieu. Il y a ici une réflexion intéressante autour du dispositif de présentation des photographies qui rappelle ce que nous avons déjà abordé à travers les dessins d'Archigram : utiliser les panneaux publicitaires ou palissades propres à l'environnement urbain pour donner à voir des images de différentes nature, publicitaires ou artistiques. Cette proposition de Nicolas Faure s'expose par le biais des éléments qui entourent le chantier, qui le cloisonnent, mais elle n'investit pas l'intérieur même de la zone en travaux. Elle reste en marge du sujet, en propose une autre vision, une seconde lecture.

Cette barrière physique a été franchie par le collectif artistique des frères Ripoulain, dans le cadre d'une commande publique passée pour la Nuit Blanche en 2012. Laurent Le bon, ancien chargé de la commande publique à la Délégation aux Arts plastiques du Ministère de la Culture et de la Communication, a été désigné à la direction artistique de la Nuit Blanche en 2012, et a proposé aux Frères Ripoulain d'investir le grand chantier des Halles pour une nuit. S'il a proposé ce projet à David Renault et Mathieu Tremblin, c'est pour l'importance que le collectif accorde aux espaces en jachère de la ville. Par leur pseudonyme ils s'inscrivent directement dans la lignée de leurs confrères les frères « Ripoulin », collectif d'artistes

---

130 Texte écrit par Christian Bernard à l'occasion de la commande publique autour du T3, disponible sur le web : "http://www.tramway.paris.fr/ewb_pages/d/direction_artistique_textes-christian"

parisiens qui dans les années 1980 peignaient sur des affiches qu'ils placardaient ensuite dans les rues. Eux-mêmes empruntèrent leur pseudonyme à la célèbre marque de peinture de bâtiment « Ripolin ». David Renault et Mathieu Tremblin développent ce qu'ils appellent des « protocoles d'action urbaine autour des notions de contrefaçon, d'abandon et de dégradation[131] ». Dans le cadre de la manifestation « Constellation » organisée un peu partout dans la ville de Metz en 2009 peu avant l'ouverture du Centre-Pompidou Metz, les frères Ripoulain exposèrent une installation intitulée *Daniel Bourrin,* en collaboration avec l'atelier à ciel ouvert de la Galerie Octave Cowbell. Pour cette œuvre, ils installèrent des palissades le long d'une bordure de route puis, vêtus d'une tenue d'ouvrier comme à leur habitude (ici un gilet jaune de chantier), ils peignirent des colonnes verte sur la palissade, « contrefaisant » ainsi le travail de Daniel Buren, qui devient « Daniel Bourrin ». Ce travail est caractéristique de leur pratique artistique qui interroge la place de l'art dans l'espace urbain et la commande publique. En effet, Daniel Buren est un des artistes les plus actifs de la commande publique française, et son œuvre *Les deux plateaux* commanditée par Jack Lang et réalisée en 1986 est aujourd'hui considérée comme celle qui marqua le début d'un renouveau dans la commande publique.

En acceptant la commande qui leur est faite pour la Nuit Blanche 2012, les frères Ripoulain font ainsi une entorse à leur principe de « désobéissance civile ». Ils acceptent d'investir les lieux du grand chantier des Halles pour une œuvre éphémère que le flâneur nocturne peut alors contempler de 20h à 4h du matin. Avant la réalisation, les artistes se sont rendus à plusieurs reprises sur les lieux avec le chef des opérations, ils ont pris connaissance du cahier des charges techniques, afin d'établir ce qu'il était possible d'entreprendre. Leur projet était de créer un mobile en suspendant des éléments aux quatre grues

[131] Cf. Site web des Frères Ripoulains, Disponible : "http://www.lesfreresripoulain.eu/"

chacune haute de vingt mètres. Pour cela, ils durent tenir compte des normes de sécurité quant au poids et à la hauteur que les grues étaient en mesure de soutenir, sans nuire au chantier. Ainsi, une grue fut utilisée pour soutenir un module de sept tonnes, tandis que les trois autres portèrent chacune plusieurs éléments légers, permettant ainsi une structure en plusieurs étages normalement impossible. En outre, David Renault et Mathieu Tremblin durent se mettre d'accord avec le chef opérateur sur la hauteur minimale des objets suspendus par rapport aux structures au sol du chantier en cours. Cela donna lieu à des modules d'une hauteur allant de cinq à quinze mètres de haut. Les éléments suspendus furent sélectionnées par les artistes parmi le matériel in-situ : véhicules de chantier, barrières métalliques, poutres, gaines de chantier... Une fois la nuit tombée, ils furent éclairés par des spots colorés. L'idée première était de réinventer un possible mobile de Calder à échelle monumentale. Pour parfaire l'installation ils durent également s'entretenir avec le chef du chantier des possibilités de mouvements des modules. Ils déterminèrent ainsi une zone de soixante à quatre-vingt-dix degrés autour de chaque grue.

Outre le fait qu'elle investisse pleinement les lieux et utilise les matériaux du chantier, l'intérêt de cette œuvre réside dans l'étroite collaboration entre les artistes et les ouvriers du chantier, plus qu'avec les commanditaires. C'est finalement les ouvriers eux-mêmes qui rendirent possible l'installation par leur présence le soir de la Nuit Blanche pour manœuvrer les grues, et ce jusqu'à 4h du matin. Tels des marionnettistes, ils prirent part au ballet en faisant se mouvoir cet immense mobile, suivant une séquence prédéfinie en accord avec les artistes. L'œuvre jouait ainsi avec un autre aspect essentiel du déroulement d'un chantier urbain : son organisation et tous les codes techniques qui permettent aux ouvriers de communiquer entre eux et d'effectuer les manœuvres.

La proposition musicale réalisée dans le cadre du grand chantier de la Philharmonie de Paris (2009-2015) est également intéressante pour la question qui nous occupe. À travers la pratique de ce que les musiciens appellent le « *soundpainting* », c'est-à-dire la direction d'un groupe de musiciens aux moyens de gestes indicatifs (où contrairement à un orchestre, la partition n'est pas pré-établie mais improvisée), Véronique Haudebourg, professeur au conservatoire de Noisy le Sec donna un concert intitulé la *Grue musicale*, avec un groupe de musiciens amateurs du conservatoire de Noisy le Sec. À partir d'un tableau de tous les gestes des grutiers, ils ont élaboré une variété de sons. À chaque geste correspondait un son. Une fois cette grille musicale établie, Véronique Haudebourg a donné un concert au cœur du chantier, dirigeant à la fois ses élèves et un grutier qui maniait l'engin en suivant le code gestuel.

La commande privée elle aussi présente des exemples de commande artistique en accompagnement de chantiers urbains.

L'artiste toulousain Gilles Tanguy travaille ainsi depuis une vingtaine d'années en collaboration avec une entreprise de Bâtiment de la région Midi-Pyrénées, l'entreprise Bourdarios. Repéré par le photographe Jean Dieuzaide en 1982 pour ses clichés en noir et blanc pris dans la nature sauvage, Gilles Tanguy exposa pour la première fois à la Galerie du Château d'Eau à Toulouse. Après ses premières œuvres photographiques, il revient à une de ses grandes passions, l'architecture.

Lorsque la ville de Toulouse commande à l'entreprise privée Bourdarios la réalisation d'importants chantiers urbains, cette dernière se tourne vers Gilles Tanguy afin de lui commander une intervention artistique éphémère qui se déploierait sur le territoire même du chantier. Ainsi en 2004, l'entreprise entreprend des travaux sur le parking souterrain Saint-Georges situé au centre de Toulouse, et l'artiste réalise une installation éphémère qui se déploie sur un des niveaux du parking. Pour voir l'œuvre, le spectateur doit traverser le chantier qui entoure la salle souterraine. L'installation intitulée *Pelles* présente une spirale monumentale constituée de pelles usées qui s'étendent sur tout un étage du parking, dans une forme rappelant la *Spiral Jetty* de Robert Smithson. La salle est plongée dans l'obscurité et devant chaque pelle se trouve une petite lumière posée au sol. Une bande sonore diffuse un son sourd et grave qui confère une dimension monumentale à l'œuvre. Les pelles exposées par Gilles Tanguy ont toutes été soit trouvées au fil de ses déambulations dans la ville, soit récupérées grâce à des annonces postées sur internet et dans les journaux locaux.

Une autre œuvre du même artiste témoigne de sa collaboration avec l'équipe de l'entreprise et de son implication dans les travaux du chantier : il s'agit de l'installation-performance intitulée *Ceci n'est pas une petite cuiller mais une installation à déjeuner*, réalisée en 2000 sur un chantier en périphérie de Toulouse. Sur les palissades entourant les travaux étaient suspendus des marteaux-piqueurs qui s'enclenchaient dans le vide les uns après les autres, suivant une programmation préétablie. Au centre de l'installation une grue transportait une grande caisse qui, le jour du vernissage, fut déposée au centre, dévoilant une fois ouverte aux spectateurs le buffet.

Ces différentes collaborations entre acteurs du monde artistiques et acteurs des chantiers urbains, que ce soit dans le cadre d'initiatives publiques ou privées, témoignent ainsi d'un renouveau de la commande, et interroge la nature même des espaces en chantier. Du lieu dangereux et interdit, le chantier passe au statut d'espace créatif, où se déroule le spectacle de la ville en transformation.

La commande : du monument à l'espace interstitiel

Si l'on revient aux origines de la commande publique sur le chantier urbain, il s'agissait avant tout de documenter une transformation du territoire, de la mettre en avant, d'en soulever les enjeux, et souvent de la faire accepter par la population. En témoigne la commande passée par le baron Haussmann à Charles Marville, qui devait certes documenter les transformations mais aussi et surtout les légitimer.

Dans le rapport sur l'Art et l'espace public publié en mars 2003 par le conseil des Ponts et Chaussées, Gilbert Smadja compare la commande publique française à la commande publique américaine et analyse la spécificité française qui, contrairement aux œuvres *plots* (œuvres objets) des américains, développe une véritable prise en considération du territoire de la ville. Dans une volonté de prise de conscience de l'espace dans lequel elle s'insère, la commande publique entend de plus en plus se détacher du monumental pour penser en terme d'environnement. Déjà dans un entretien du 3 février 1999 dans une Lettre d'information du Ministère de la Culture et de la Communication, Guy Amsellem, alors délégué aux arts plastiques et président de la commission nationale de la commande publique, mettait en avant l'importance de « travailler à une meilleure insertion de la commande publique dans son environnement urbain[132] ».

> Quand je parle de l'urbain, il ne s'agit pas seulement de la ville dans son cadre bâti, mais aussi de tous les espaces interstitiels, comme les entrées et les sorties de villes (voies routières, entrées de gare, etc.) La commande publique a souvent été défendue comme un acte un peu monumental, exclusivement artistique et assez peu tourné vers son insertion dans l'environnement.[133]

Le discours politique sur la commande publique artistique s'inscrit ainsi dans la lignée du grand mouvement de décentralisation des années 1980, qui a conduit à un investissement considérable de la part des collectivités territoriales. Même si à l'heure actuelle de grandes disparités géographiques persistent, certaines régions et villes témoignent d'une politique de commande publique importante : la région Île de France en tête (dont la ville de

---

[132] Guy Amsellem, "La commande publique", in *Dossier Ministère de la Culture et de la Communication*, n° 42, février 1999.

[133] *Idem.*

Vitry est le maillon central), la région lyonnaise, l'agglomération grenobloise, ou encore Rennes, qui se posent la question de la présence de l'art dans l'espace public depuis le milieu des années 1970. En outre, il est intéressant de noter que l'insertion de la commande publique dans son environnement urbain passe par une volonté d'occupation des « espaces interstitiels », pour reprendre le vocabulaire des commanditaires. Dans son ouvrage *Non-lieux, introduction à une anthropologie de la surmodernité*, Marc Augé s'interroge sur ces espaces interstitiels, notamment dans leur utilisation dans le discours politique :

> Le langage politique est naturellement spatial, sans doute parce qu'il lui est nécessaire de penser simultanément l'unité et la diversité. [...] Les notions d'itinéraire, d'intersection, de centre et de monument ne sont pas simplement utiles à la description des lieux anthropologiques traditionnels. Elles rendent partiellement compte de l'espace public français contemporain, spécialement de son espace urbain.[134]

Pour les pouvoirs publics, ces espaces interstitiels doivent « produire du lien social », tache à laquelle la commande artistique est sensée contribuer. Marc Augé rattache ce type d'espace à ce qu'il nomme le lieu anthropologique :

> Si nous nous attardons un instant sur la définition du lieu anthropologique, nous constaterons qu'il est d'abord géométrique. On peut l'établir à partir de trois formes simples qui peuvent s'appliquer à des dispositifs institutionnels différents et qui constituent en quelque sorte les formes élémentaires de l'espace social. En terme géométrique, il s'agit de la ligne, de l'intersection, des lignes et du point d'intersection.[135]

Et l'auteur de poursuivre :

---

[134] Marc Augé, *Non-Lieux*, Paris, Editions du Seuil, 1992, p. 92.
[135] *Ibidem.*

> Concrètement, dans la géographie qui nous est quotidiennement plus familière, on pourrait parler, d'une part, d'itinéraires, d'axes ou de chemins qui conduisent d'un lieu à un autre et ont été tracés par les hommes, d'autre part de carrefours et de places où les hommes se croisent, se rencontrent et se rassemblent [...].[136]

C'est à ce titre que la multiplication des commandes publiques accompagnant les travaux sur les réseaux de transports en commun est significative, témoignant d'une volonté de marquer l'importance de ces espaces interstitiels dans l'environnement urbain. Prenons en exemple la grande campagne urbaine du prolongement du T3 entre la Porte d'Ivry et la Porte de la Chapelle, qui visait à améliorer le réseau de transport décentralisé des communes limitrophes à Paris, parmi lesquelles Ivry-sur-Seine, Charenton-le-Pont, Saint-Mandé, Vincennes, ou encore Montreuil et Bagnolet sur les départements de Seine-Saint-Denis et du Val-de-Marne. Entre 2009 et 2012, Christian Bernard est invité à diriger le projet artistique qui accompagne cette transformation de la ville. Le but visé par la commande n'était pas uniquement de *marquer* les différents lieux traversés par la ligne de tramway en jalonnant le parcours d'œuvres artistiques, mais de donner du sens au chantier lui-même, véritable espace de l'interstice, au croisement de territoires en mutations, lieu de l'entre-deux temporel et géographique.

---

136 *Idem.*

Chapitre 8

La commande du prolongement du T3

Du chantier comme sujet au processus créatif de l'œuvre

Parmi les artistes qui ont participé à l'importante commande artistique accompagnant le prolongement du T3, quatre d'entre eux ont été choisis pour travailler spécifiquement à partir du chantier, pendant les quatre ans de la durée des travaux. Le photographe Mohamed Bourouissa a réalisé cinq clichés par an, Chourouk Hriech 48 dessins, Yvan Salomon 32 aquarelles, et Lu Hao un long tableau reprenant un procédé chinois très ancien, le Han Jian, fait de tiges de bambous et utilisé avant l'invention du papier pour noter les événements historiques.

Mohamed Bourouissa, s'est attaché à réaliser un projet autour des personnes qui travaillent et parfois vivent dans les zones délaissées que traverse la ligne du tramway, généralement voués à disparaître.

> Ce qui m'a touché la première fois que je me suis promené le long du futur tramway, dit-il, ce sont ces présences de personnes qui deviennent presque invisibles si on ne leur prête pas attention. [...] Tout au long de mon parcours, j'ai pu m'apercevoir qu'il y avait plein d'endroits habités dont on n'avait même pas conscience. [...] Le sujet me permettra

de rendre compte de cette dissymétrie qui existe entre la construction du tram et cet espace de vie qui se transformera.[137]

Ce qui intéresse Mohamed Bourouissa n'est pas tant le chantier en lui même que les gens qui l'environnent et qui gravitent autour. L'appareil photographique de l'artiste n'entend pas contourner l'interdit du chantier, zone généralement cachée au regard des passants, mais plutôt lever le voile sur ce que les commanditaires refusent de voir. Les confronter, ainsi que le public, à ceux et celles dont ils négligent la présence par la mutation violente d'un territoire. Les espaces interstitiels sont certes des lieux de rencontre, de construction sociale, mais aussi des lieux d'exclusion, de mise à l'écart. En ce sens, Mohamed Bourouissa répond aux exigences de la commande publique puisqu'il s'attache à prendre en compte le territoire spécifique et les gens qui y habitent, tout en mettant en exergue ce qu'il appelle la « dissymétrie » entre les pouvoirs publics qui transforment le territoire, cherchant à créer du lien entre les populations, et les gens qui, spectateurs silencieux de ces mutations, se voient progressivement mis encore plus à la marge du territoire qu'ils occupent.

Peut-on alors vraiment parler « d'œuvres ayant accompagné le chantier » ? Si le chantier est véritablement pris comme sujet par les Mohamed Bourouissa, Chourouk Hriech, Yvan Salomon et Lu Hao, n'est-ce pas plutôt le chantier qui accompagne leur travail ? Il devient sujet, mais aussi modèle métaphorique du processus créatif, contrainte spatiale et temporelle, unité d'action... Autant de sujets d'expérimentations qui alimentent leurs œuvres. Pourtant, aucune de ces œuvres n'est un travail in-situ, et si les artistes se sont rendus à plusieurs reprises sur le chantier pour nourrir leurs œuvres, à aucun moment le chantier lui-même n'est devenu le lieu concret de l'œuvre, pas plus qu'un matériau pour l'œuvre… Le chantier n'est pas le lieu de

137 Propos de Mohamed Bourouissa, extraits de la vidéo de présentation de son travail, Disponible sur le web : "http://www.tramway.paris.fr/ewb_pages/d/demarche-artistique-equipe-artiste-bourouissa.php"

visibilité des œuvres, il n'est pas l'espace d'exposition de ce qu'auraient pu être des œuvres in-situ, contrairement au travail des frères Ripoulain sur le chantier des Halles, ou encore le travail de Lara Almarcegui ou même la tentative du photographe Nicolas Faure pour la commande publique du tramway de Strasbourg qui a projeté ses portraits d'ouvriers de façon éphémère le long des palissades du chantier.

Les œuvres des quatre artistes ont fait du temps du chantier un modèle d'expérimentation du processus créatif, en proposant de nouvelles œuvres pendant quatre ans. Mais si le chantier est marqué du sceau de l'incomplétude, de l'inachèvement, dans une mutation perpétuelle qui rend impossible toute fixité, les œuvres produites dans le cadre de la commande publique ont été par la suite acquises par une institution, scellant par là-même leur conservation et leur pérennité. Elles ont été conçues en même temps que le chantier mais semblent aller à rebours : au lieu de détruire, elles conservent ce qui va disparaître, ou du moins ce qui va se transformer.

Art & chantier : le document en question

Cette pérennité inévitable des œuvres de par leur insertion dans le réseau institutionnel leur confère alors un statut de documentation, ou du moins de témoignage. Parmi les quatre artistes commandités spécifiquement pour l'accompagnement du chantier, Lu Hao déclare justement que son travail consiste à « enregistrer les changements » :

> Ce que je regrette beaucoup pour les réaménagements des villes ou des communes en Chine, c'est que nous avons trop détruit. Ces architectures, qui sont en quelque sorte les véhicules de la culture, de la tradition et de la civilisation, auraient dû être un héritage pour les futures

générations. […] On doit réfléchir un peu plus lorsqu'on construit ou qu'on détruit un bâtiment.[138]

La démarche proposée par la ville de Paris et coordonnée par Christian Bernard révèle ainsi encore un certain nombre de points communs avec les grandes commandes publiques initiées au temps d'Haussmann : il s'agit d'enregistrer les changements opérés, de faire trace, dans une démarche encore proche du documentaire. N'est-ce pas toujours une certaine forme de manifestation du pouvoir, un moyen de légitimer les grandes campagnes de transformation du territoire ?

L'idée de « document », de trace, revient chez chacun des artistes pour définir leur démarche dans le cadre de la commande publique. Christian Bernard déclare qu'il s'agit pour eux de « documenter et rendre compte » de l'avancée du chantier. Mais qu'est-ce qui, précisément, nécessite de faire trace et de ne pas être oublié ? S'agit-il de conférer au chantier le statut d'événement ?

Nous avons avancé plus haut que le chantier peut être considéré comme un non-lieu, qu'il se caractérise précisément par un effacement perpétuel et accéléré de toute chose. Après avoir été construite, la chose est détruite, pour reconstruire, et détruire à nouveau, etc. C'est entre autre ce que Marc Augé soulève à travers le terme de « surmodernité ». Cette surmodernité est paradoxale, dans la mesure où elle conduit à une multiplication incessante de micro-événements qui ne cessent de se succéder dans la transformation toujours constance du monde, mais elle dans un même temps elle semble conduire à une banalisation de ces événements qui sont très vite effacés ou oubliés, remplacés par d'autres. La ville est certainement une excellente métaphore pour rendre compte de cette double conséquence de l'accélération de nos sociétés. Ainsi, par sa commande publique, la ville de Paris affirme le caractère d'événement conféré au chantier du tramway. Il

138 Propos de Ju Hao extraits de la vidéo de présentation de son travail dans le cadre du T3. Disponible sur le web : http://www.tramway.paris.fr/ewb_pages/t/transcript-lu-hao.php

s'agit de documenter le chantier, et plus particulièrement, à travers la demande spécifique faite aux quatre artistes, de l'élever au rang d'évènement. Mais si un événement est généralement considéré comme un phénomène localisé et instantané, survenant en un point et un instant bien déterminés, Ici le chantier n'est qu'effacement, vide, espace flou de l'entre-deux qui renvoie par négation à ce qui l'a précédé et projette sur ce qui est à venir, dans une temporalité en suspens. Nous pourrions considérer que le chantier, véritable non-lieu, est la négation par excellence de tout événement. Que s'agit-il alors de documenter ? Faire trace de quoi ? De où et quand ? Pour Lu Hao, faire trace de ce qui est dans le cadre de la commande publique du T3, et qui occupe toute sa démarche artistique, « c'est l'état des choses avant tout changement[139] ». Il voit dans le contraste entre l'avant et l'après reconstruction et dans la réception qu'en ont les spectateurs, les symptômes d'un rapport complexe au temps et à l'Histoire :

> Certains s'intéressent plus à l'Histoire, et certains s'intéressent plus au présent. La différence entre l'Histoire et le présent suscite particulièrement mon attention.[140]

Les aquarelles d'Yvan Salomone « documentent » le chantier de façon tout à fait différente. Les zones qu'il représente dans ses aquarelles apparaissent sur les toiles comme des sortes de non-lieux, dans une forme de décontextualisation du chantier qui devient sujet pictural. Pourtant, il s'agit aussi pour lui de faire trace, ou du moins de « révéler » un paysage, « une incision que la fin des travaux verra se refermer, que l'usage fera oublier[141] ». Pour Yvan Salomone, le tramway en construction est avant tout matière, expérimentation d'objets et de formes en mutation,

---

139 Propos de Ju Hao extraits de la vidéo de présentation de son travail dans le cadre du T3. Disponible sur le web : http://www.tramway.paris.f r/ewb_pages/t/transcript-lu-hao.php

140 *Idem.*

141 Texte d'Yvan Salomone, exposé au MAMCO dans le cadre de l'exposition sur la commande publique du T3.

qui dans l'état de chantier est encore dépourvu de tout usage, de toute fonctionnalité. Ce sont les matériaux, confondus aux objets, aux engins et à l'environnement qui constituent pour lui une matière à expérimentation plastique, quasi organique. C'est de cette matérialité qu'il s'agit de faire trace. Outre son travail à l'aquarelle, Yvan Salomone pratique l'écriture. Il s'attache depuis un certain nombre d'années déjà à écrire régulièrement un cours texte sur chacune de ses aquarelles. Il essaie généralement d'écrire sur une aquarelle dix ans après sa réalisation, afin de la révéler une seconde fois à travers l'écriture, dans une forme de redécouverte d'un paysage qui serait à la fois familier et lointain. Pour la commande du chantier, il a dérogé à cette règle et a écrit un texte sur une des aquarelles du T3, *0698_0609 Aedificanti*, sans le recul habituel des 10 années :

> […] Le tranché d'une lumière impeccable ! Tranchée, trachée, tranché. Me voilà attiré par un agencement répétitif, modulaire ! Liaison, écart, rapport, embrassement. Bras tendus. Colonne sans fin couchée - son érotisme allongé. Baiser. Jesuisembarqué.[142]

Dans ce court texte, Yvan Salomone donne corps au chantier, qui devient un gouffre gigantesque, « gorge », « trachée », « tranché », au « battement sanguin » régulier, créateur du monde à l'image de Gaia, déesse tutélaire, ancêtre maternel originel. Sexe féminin béant. L'artiste révèle par l'aquarelle la matérialité sensible des éléments du chantier, tranché par la découpe de la lumière.

> Cet érotisme inonde les aquarelles, y compris celles qui participent de cette commande, qui elles, formeront une gorge au cœur du grand tableau. Elles sont la mise à jour du réseau. Sous le revêtement – soutien-gorge – des baleines l'étayent. Chaque section constitue un signe qui s'adresse à mes mouvements ici commandités.[143]

---

[142] Texte accompagnant l'aquarelle présentée dans l'exposition.
[143] *Idem.*

Si Yvan Salomone « documente », ou plutôt « révèle » pour reprendre les termes qu'il emprunte à la photographie, la réalité matérielle du chantier, la force de son travail réside surtout dans la quête d'une plasticité du chantier, objet devenu organique sous le pinceau de l'artiste, dans une démarche d'érotisation plastique.

Différentes manières d'enregistrer, de faire trace du chantier. Travail qui finalement témoigne presque d'une portée politique, différente de celle qui aurait pu être attendue par les commanditaires. Les œuvres ne se proposent pas tant comme une légitimation des changements induits par les travaux, mais prennent soit le parti de la neutralité esthétique, comme Yvan Salomone qui déclare clairement que son travail n'est pas la révélation d'un territoire spécifique mais d'une potentialité esthétique, soit un parti pris clairement critique. Néanmoins, en décontextualisant ainsi ses aquarelles, Yvan Salomon ne donne-t-il justement pas une force politique à son travail ? Politique dans la neutralité, dans le choix d'un parti prix esthétique ? En regardant de si près le chantier, en opérant par des changements d'échelle et des grossissements, ne fait-il pas justement le choix de s'éloigner de l'idée de territoire ?

Les quatre artistes semblent avoir choisi la voie de la discrétion, pour ne pas aller directement dans le sens de la commande, tout en ne s'y opposant pas non plus frontalement. Leurs œuvres révèlent ainsi une certaine résistance individuelle, à travers une démarche qui s'écarte d'un propos de légitimation du chantier du T3, spectateurs attentifs et discrets d'un monde en transformation. Les œuvres ne sont visibles et exposées qu'une fois le chantier terminé, ou dans les lieux habituellement dédiées à l'exposition. Il n'y a pas de réelle appropriation du territoire en chantier en ce qui concerne leur présentation au public, malgré l'importance accordé dans le discours des pouvoirs publics « au territoire ».

Exposer le chantier & mise en chantier des œuvres

Une première exposition du travail a eu lieu au milieu du chantier en 2011, sous le titre « Nouveaux tableaux parisiens » au Pavillon Carré de Baudouin dans le 20ème arrondissement de Paris, espace culturel dédié à la création contemporaine ouvert en 2008. Situé en haut de la rue de Ménilmontant, il est proche l'axe circulaire que traverse le nouveau tramway, entre les stations Adrienne Bolland et Séverine. En choisissant de présenter ces premiers travaux dans un quartier de Paris relativement proche du chantier, les commanditaires et commissaires d'exposition restent plus ou moins fidèles à leur première démarche « d'accompagnement du chantier », ainsi qu'à leur souci d'accessibilité des œuvres par la population habitant sur les territoires en transformation. Néanmoins les « territoires » traversés par le chantier sont nombreux et divers, allant du parc André Citroën dans le XVe arrondissement à la Porte de la Chapelle dans le XVIIIe arrondissement, aussi l'exposition des œuvres, si elle fait part d'un déplacement régulier des artistes sur la ligne pendant les quatre années d'élaboration, n'a pas véritablement suivi le parcours en construction.

Ce n'est qu'une fois le chantier achevé qu'une importante exposition a eu lieu à l'Hôtel de Ville de Paris, du 14 décembre 2012 au 02 février 2013, sous le nom de « L'art et le tramway à Paris, la ville change ». Pour cette exposition, ce sont non seulement toutes les œuvres d'Yvan Salomone, Chourouk Hriech, Lu Hao et Mohamed Bourouissa qui sont présentées, mais également des maquettes, photos et archives diverses de toutes les œuvres in-situ placées aux stations du tramway. Certains projets n'ayant pas été retenus sont également exposés. Tous ces éléments deviennent autant de témoins d'un chantier à présent achevé, si bien que leur présentation à l'Hôtel de Ville leur confère un statut supplémentaire, celui d'archive, véritable « document » sur la ville.

Paradoxalement, si le chantier a été le sujet qui a occupé les quatre artistes dont nous avons parlé, dans le cadre de l'exposition à l'Hôtel de Ville ce sont cette fois les œuvres qui sont montrées à l'état de chantier, à travers leurs différentes phases de réalisation. Sont alors présentées les œuvres des quatre artistes mais aussi toutes les autres œuvres en préparation destinées à orner les différentes stations du tramway une fois les travaux finis. La sculpture monumentale de Nancy Rubins par exemple, qui se déploie dans le XIIIe arrondissement sur l'esplanade Pierre Vidal-Naquet, entre les stations Avenue de France et Baron Le Roy, est ici présentée sous forme de maquette. Il s'agit d'un assemblage de canoës et de barques, enlacés au sommet d'un mât, qui rappelle la Seine à proximité. La sculpture finale, composée d'une structure en inox à laquelle sont accrochés soixante bateaux en aluminium, mesure plus de dix mètres de hauteur. À la petite maquette en inox, présentée sur un piédestal lui conférant un statut d'œuvre à part entière, répond un dessin préparatoire de l'artiste qui imagine l'œuvre dans l'espace qui lui sera destiné. Contrairement à la couleur grise que l'inox et l'aluminium donnent à la maquette et à l'œuvre finie, le dessin préparatoire de Nancy Rubins présente des barques aux couleurs vives qui se déploient comme les feuilles d'un arbre. Ces différents états de l'œuvre révèlent les étapes successives de la réalisation, qui bien souvent montrent des changements majeurs.

Un autre exemple intéressant, celui des installations sculpturales de l'artiste John M. Armleder et des architectes du Group8, situées au niveau de la Porte Dorée dans le XIIe arrondissement. Le travail s'est élaboré à partir de la statue la France des cinq continents, réalisée par Léon-Ernest Drivier (1878-1951). Il est composé de cinq plateaux répartis entre le boulevard et le lac, tous à la hauteur de la statue de Drivier. Ils supportent des objets dorés qui renvoient à un ailleurs venu de l'est, symbole de don et d'échange. On peut lire sur l'un d'eux, qui forme aussi une table ou un banc, une liste de grandes figures étrangères, de la culture, de la science et du sport. Sur le plus haut plateau, deux têtes de la déesse grecque Cybèle, très ancienne protectrice des villes, veillent à l'entrée de Paris. Pour l'exposition à l'Hôtel de Ville, l'artiste présente successivement un moulage du portrait de Cythère, une image en 3D représentant côte à côte les 5 plateaux, puis cinq photos des différents plateaux in-situ. Il y a ici la volonté de montrer au spectateur une chronologie dans la réalisation, ainsi que le passage d'un état à l'autre des statues.

Les œuvres se trouvent ainsi à la fois rassemblées et éclatées dans un espace d'exposition, sortes de vision en négatif de la construction du prolongement de la ligne du tramway, que l'on pourrait assimiler à des formes de non-sites en chantier. Des vidéos documentent également la commande publique à travers des témoignages de membres du comité scientifique.

Une exposition dont la problématique principale est finalement celle du processus créatif, du *work in progress*. L'exposition elle-même se présente comme *work in progress,* puisqu'elle a ensuite été montée sous une scénographie différente au MAMCO, Musée d'Art Contemporain de Genève sous la direction de Christian Bernard, à la fois directeur artistique de la commande publique et Conservateur en chef du musée de Genève.

Conclusion

Ainsi, le chantier apparaît à la fois comme un motif visuel et comme outil théorique, à travers lequel les artistes ne cessent d'imaginer et de façonner le monde, dans une remise en question perpétuelle.

Le tournant moderniste de la fin du XIXe et du début du XXe siècle en a fait son paradigme, conduisant à la mise en place d'une iconographie nouvelle permise par l'apparition de la photographie et des grandes missions héliographiques. Les artistes des mouvements d'avant-gardes, tels Fernand Léger et les futuristes, en ont eux exploité la symbolique et la richesse plastique.

Mais de part son ambivalence conceptuelle, qui en fait une objet purement dialectique, le chantier a aussi été un motif fécond pour les tenants de la pensée postmoderniste, transformant sa portée utopique en son versant le plus sombre, symbole d'une entropie inéluctable du monde.

Plus que cette dialectique de la pensée occidentale entre construction et déconstruction, ce qui reste aujourd'hui le plus fécond dans le motif du chantier nous semble finalement être ses potentialités esthétiques, ses possibilités formelles quant à la construction d'une image, et le questionnement ontologique qu'il sous-tend dans notre rapport au temps, à l'espace, à la réalité et la fiction.

Cet ouvrage, qui se voulait un premier état des lieux sur la question du chantier dans l'art contemporain, marque aussi les prémices d'une recherche plus approfondie qui m'occupe aujourd'hui sur l'hypothèse d'une esthétique de la photographie de chantier urbain.

Bibliographie sélective

Adnen Jdey, *Derrida et la question de l'art : déconstructions de l'esthétique*, Nantes, Édition C. Defaut, 2011.
Augé Marc, *Pour une anthropologie de la modernité*, Paris, Rivage, 2012.
Augé Marc, *Le temps des ruines*, Paris, Galilée, 2003.
Augé Marc, *Non-Lieux*, Paris, Editions du Seuil, 1992.
Benjamin Walter, *Œuvres*, (3 tomes), sous la direction de Maurice de Gandillac, trad. Maurice de Gandillac, Rainer Rochlitz et Pierre Rusch, Paris, Gallimard, Collection « Folio essais », 2000.
Berque Augustin, *La pensée paysagère*, Paris, Archibooks, 2008.
Boutinet Jean-Pierre, *Anthropologie du projet*, Paris, Presses universitaires de France, 1996.
Brin Raphaëlle, *Gordon Matta-Clark : entretiens*, Paris, Lutanie, 2011.
Bublex Alain, *Alain Bublex*, Paris, Flammarion, 2010.
Bublex Alain, *Projets en chantier*, Toulouse, Editions Ecocart, 2001.
Buci-Glucksmann Christine, *L'œil cartographique de l'Art*, Paris, Galilée, collection débats, 1996.
Burke Edmund, *Recherche philosophique sur l'origine de nos idées du sublime et du beau* (1757), trad. Baldine Saint Girons, Paris, J. Vrin, 1998.
Camus Renaud, *La commande publique*, Paris, POL, 2007.
Colard Jean-Max (dir.), *« Poétique* du chantier : de la Tour de Babel à Ground Zero », *Ligeia* n°101-104, Paris, 2010.
Cat. d'exp. « Berlin, l'effacement des traces, 1989-2001 », sous la direction de Sonia Combe, Paris, BDIC, Lyon, Éd. Fage, 2009.
Derrida Jacques, *Chaque fois unique, la fin du monde*, Paris, Galilée, 2003.
Derrida Jacques, *Les spectres de Marx*, Paris, Galilée, 1993.
Derrida Jacques, *Feu la cendre*, Paris, Éd. des Femmes, 1987.
Cat. d'exp., *Archigram*, sous la direction d'Alain Guilheux, Paris, Centre Georges pompidou, Éd. du Centre Pompidou, Paris, 1994.
Cat. d'exp., *Dreamlands : des parcs d'attraction aux cités du futur*, sous la direction de Didier Ottinger, Paris, Centre Georges Pompidou, Éd. du Centre Pompidou, Paris, 2010.
Faure Nicolas, *Portraits/Chantiers*, Genève, Dijon, Éd. du MAMCO, Les Presses du réel, 2004.
Alain Bublex, *Alain Bublex*, Paris, Flammarion, 2010.
Gordon Matta Clark : entretiens, trad. Raphaëlle Brin, Paris, Lutanie, 2011.
Léger Fernand, *L'esthétique de la machine, l'ordre géométrique et le vrai* (1923), Paris, Gallimard, Folio essai, 2009.
Cat. d'exp. « Les constructeurs à l'aloès », sous la direction de Pierre Zvenigorodsky et Fernand Léger, Bobigny, Maison de la Culture en Seine-Saint-Denis, Bobigny, Éd. Maison de la Culture en Seine-Saint-Denis, 1983.
Le Scanff Yvon, *Le paysage romantique et l'expérience du sublime*, Seyssel, Champ Vallon, 2007.

Lyotard Jean-François, *La condition postmoderne : rapport sur le savoir,* Paris, Éditions de Minuit, 1979.
Makarius Michel, *Ruines*, Paris, Flammarion, 2004.
Marinetti Filipo T., *Destruction : poèmes lyriques* (1923), Paris, Ulan Press.
Mellot Philippe, *Paris sens dessus-dessous : Marville photographies, 1852-1877*, Paris, Éd. de Lodi, 2001.
Mérot Alain, *Du paysage en peinture dans l'Occident moderne,* Paris, Gallimard, 2009.
Cat. d'exp., *Édouard Baldus photographe*, sous la direction de Anne de Mondenard, Paris, musée des Monuments français, Éd. de la Réunion des musées nationaux, Paris, 1995.
Peter Cook, *Archigram*, Princeton, Architectural press, 1999.
Pinon Pierre, *Paris pour mémoire : le livre noir des destructions haussmaniennes*, Paris, Parigramme, 2012.
Pinon Pierre, *Paris détruit: du vandalisme aux grandes opérations d'urbanisme*, Paris : Parigramme, 2011.
Poulot Dominique, *Une histoire du patrimoine en occident*, Paris, PUF, 2006.
Raulet Gérard, *Le caractère destructeur : esthétique, théologie et politique chez Walter Benjamin*, Paris, Aubier, 1997.
Riegel Aloïs, *Le culte moderne des monuments* (1903), Paris, L'Harmattan, trad. Jacques Boulet, 2003.
Robin Régine, *Berlin chantiers : essai sur les passés fragiles,* Paris, Stock, 2001.
Rouillé André, *Melting point,* Paris, Ville ouverte, 2006.
Rouillé André, *La photographie : entre document et art contemporain*, Paris, Gallimard, 2005.
Sadler Simon, *Archigram : architecture without architecture*, Cambridge, MIT press, 2006.
Soulages François, *Esthétique de la photographie*, Paris, Nathan, 1999.
Tiberghien Gilles, *Nature, Art, Paysage*, Arles, Acte Sud, 2001.
Smithson Robert, *The collected writings*, Berkeley, Calif, University of California press, 1996.
Venturi Robert, *De l'ambigüité en architecture*, Trad. Maurin Schlumberger et Jean-Louis Vénard, Paris, Dunod, 1995.
Venturi Robert, Scott Brown Denise, Izenour Steven, *L'enseignement de Las Vegas ou le symbolisme oublié de la forme architecturale* (1972), Bruxelles, Mardaga, 1977.

Table des matières

Suite des livres publiés dans la

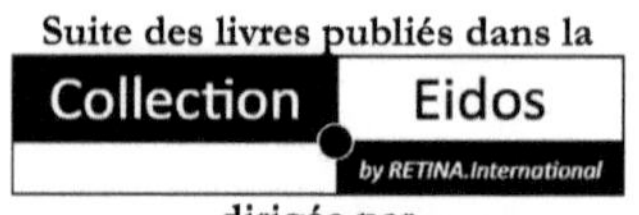

dirigée par
François Soulages & Michel Costantini

… suite de la Série RETINA

61 M. Rinn & N. Narváez Bruneau (dir.), *L'Afrique en images.*
62 Michel Godefroy, *Chirurgie esthétique & frontières de l'identité*
63 Thierry Tremblay, *Frontières du sujet. Une esthétique du déclin*
64 Stéphane Kalla Karim, *Les frontières du corps & de l'espace. Newton*
65 Marc Veyrat, *Never Mind, De l'information comme matériau artistique, 2*
66 Vladimir Mitz, *La transgression des frontières du corps. La chirurgie esthétique*
67 Bernard Salignon, *Frontières du réel où l'espace espace*
68 Dominique Chateau, *L'art du fragment. Frontières apparentes & frontières souterraines*
69 Pierre Kœst, *Aux frontières de l'Humain. Essai sur le transhumanisme*
70 Aniko Adam, *Du vague des frontières. Espaces, littératures & langues*
71 Gabriel Baudrand, *Mathématiques & frontières*
72 Sandrine Le Corre, *Frontières & arts. De l'opacité à la fraternité*
73 Philippe Boisnard, *Frontières du visage (analogique-numérique)*
74 Aniko Adam, Aniko Radvanszky & François Soulages (dir.), *L'homme qui rêve*
75 F. Soulages & A. Erbetta (dir.), *Frontières & mémoires, arts & archives*
76 François Soulages (dir.), *Malraux, le passeur de frontières*
77 Alain Milon & Shu-Ling Tsai, *Figures de l'homme. Au croisement des différences*
78 C. Bodet, A. Chareyre-Méjan & L. Iacovo (dir.), *Dimension poétique*
80 A. M. Mora Luna & P. Ordóñez Eslava (dir.), *Les arts en [temps de] crise*
81 François Soulages (dir.), *Les frontières des langues*
82 Stéphane Kalla Karim (dir.), *Mises en scène de l'invisible. Frontières de l'image & du sens 1*
83 S. Kalla Karim (dir.), *Espace-temps & mémoire de l'œuvre d'art. Frontières de l'image & du sens 2*
85 Biagio d'Angelo, François Soulages & Suzete Venturelli (dir.), *Frontières des Mouvements Autophotobiographématiques*
87 Angèle Ferrere, *Du chantier dans l'art contemporain*

Série Photographie

2 François Soulages (dir.), *Photographie & contemporain*
8 Catherine Couanet, *Sexualités & Photographie*
9 Panayotis Papadimitropoulos, *Le sujet photographique*
10 Anne-Lise Large, *La brûlure du visible. Photographie & écriture*
15 Michel Jamet, *Photos manquées*
16 Michel Jamet, *Photos réussies*
19 Marc Tamisier, *Sur la photographie contemporaine*
20 Marc Tamisier, *Texte, art et photographie. La théorisation de la photographie*
21 François Soulages & Julien Verhaeghe (dir.), *Photographie, médias & capitalisme*
22 Franck Leblanc, *L'image numérisée du visage*
23 Hortense Soichet, *Photographie & mobilité*
24 Benjamin Deroche, *Paysages transitoires. Photographie & urbanité*
25 Philippe Bazin, *Face à faces*
26 Philippe Bazin, *Photographies & Photographes*
27 Christiane Vollaire (dir.), Ecrits sur images. Sur Philippe Bazin
32 Catherine Rebois, *De l'expérience en art à la re-connaissance*
33 Catherine Rebois, *De l'expérience à l'identité photographique*
34 Benoit Blanchard, *Art contemporain, le paradoxe de la photographie*
45 Marcel Fortini, *L'esthétique des ruines dans la photographie de guerre*

47 Caroline Blanvillain, *Photographie et schizophrénie*
53 Rosane de Andrade, *Photographie & exotisme. Regards sur le corps brésilien*
54 Raquel Fonseca, *Portrait & photogénie. Photographie & chirurgie esthétique*
57 Agathe Lichtensztejn, *Le selfie aux frontières de l'egoportrait*
59 Zoé Forget, *Le corps hors norme dans la photographie contemporaine*
79 Bertrand Naivin, *Selfie, un nouveau regard photographique*
84 Cristina Dias de Magalhães, *Vues de dos*
86 Gilles Picarel, *Photographie & altérité*

Série Artiste

50 Marc Giloux, *Anon. Le sujet improbable, notations, etc.*
52 Alain Snyers, *Le récit d'une œuvre 1975-2015*

Série Groupe E.I.D.O.S.

1 Michel Costantini (dir.), *Ecce Femina*
5 Groupe EIDOS, *L'image réfléchie. Sémiotique et marketing*
6 Michel Costantini (dir.), *L'Afrique, le sens. Représentations, configurations, défigurations*
7 Pascal Sanson & Michel Costantini (dir.), *Le paysage urbain*
28 M. Tamisier & M. Costantini (dir.), *Opinion, Information, Rumeur, Propagande*
46 Michel Costantini (dir.), *Sémiotique des frontières, art & littérature*

Hors Série

4 Michel Costantini (dir.), *Sémiotique du beau*
29 Michel Costantini (dir.), *La sémiotique visuelle : nouveaux paradigmes*

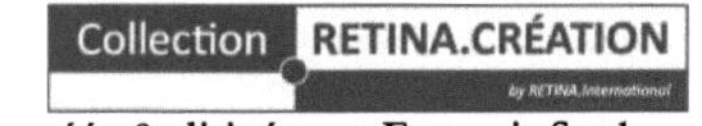

créée & dirigée par François Soulages

1. Alejandro Erbetta, *Frontières & mémoires*
2. Gilles Picarel, *Les frontières de l'extériorité*
3. Alejandro Erbetta, *Aux frontières de l'oubli*
4. Bernard Kœst, *J'aurais temps aimé ! Aux frontières d'Argenton*
5. Éric Bonnet, *Frontières, limbes & milieux*
6. Gilles Picarel, *Affleurement*

Cette collection de *livres d'images-écrits* s'interroge justement sur les rapports image/écrit : ainsi, en une centaine de pages, se forme *un tout* énigmatique et réflexif.

Images écraniques, numériques, filmiques, images vidéo, photos, dessins, peintures, gravures, graffitis, etc… - en couleur ou/et en noir et blanc. Comme le créateur le décide. Images visuelles, images scripturaires, images littéraires, images imaginaires, images inconscientes. Et toujours le langage, la langue et l'écrit. *Écrits* - philosophiques, théoriques, narratifs, poétiques, etc... – qui jouent avec ces images, de même que les images travaillent toujours avec ces écrits. Comme le créateur le désire.

Car ces livres sont des créations, et leurs auteurs des créateurs. Ce ne sont donc jamais des recueils d'images ou d'écrits, encore moins des agrégats d'images et d'écrits, mais toujours des *œuvres totales et autonomes* faites avec des images et des mots. Et ce, dans la logique de RETINA.International - Recherches Esthétiques & Théorétiques sur les Images Nouvelles & Anciennes.

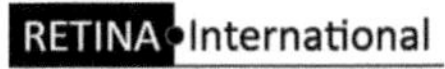

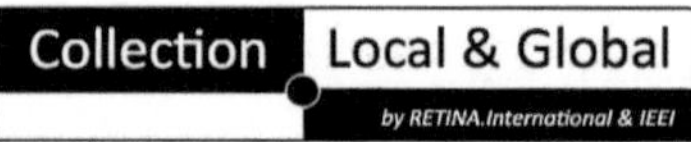

Créée & dirigée par Gilles Rouet & François Soulages

1 Gilles Rouet & François Soulages (dir.), *Frontières géoculturelles & géopolitiques*
2 S. Dufoulon & M. Rostekova (dir.), *Migrations, Mobilités, Frontières & Voisinages*
3 H. Balintova & J. Palkova (dir.), *Productions et perceptions des créations culturelles*
4 Gilles Rouet (dir.), *Citoyennetés et Nationalités en Europe. Articulations et pratiques*
5 Serge Dufoulon & Jacques Lolive (dir.), *Esthétiques des espaces publics*
6 A. Galabov & J. Sayah (dir.), *Participations & citoyennetés depuis le Printemps arabe*
7 Gilles Rouet (dir.), *Nations, cultures et entreprises en Europe*
8 Serge Dufoulon (dir.), *Internet ou la boite à usages*
9 Gilles Rouet (dir.), *Usages de l'Internet. Educations & culture*
10 Dominique Berthet, *Pratiques artistiques contemporaines en Martinique.*
11 Gilles Rouet (dir.), *Usages politiques des nouveaux médias*
12 Radovan Gura & Natasza Styczynska (dir.), *Identités & espaces publics européens*
13 Gilles Rouet (dir.), *Quelles frontières pour quels usages ?*
14 Anna Krasteva (dir.), *e-Citoyenneté*
15 Gilles Rouet (dir.), *Actions citoyennes. Esthétisation de l'espace public*
16 François Soulages (dir.), *Géoartistique & Géopolitique, Frontières*
17 Serge Dufoulon & Gilles Rouet (dir.), *Europe partagée, Europe des partages*
18 Marc Veyrat (dir.), *Arts & espaces publics*
19 Isabelle Moindrot & Sangkyu Shin (dir.), *Transhumanités*
20 Anna Krasteva & Despina Vasilcu (dir.), *Migrations en blanc. Médecins d'est en ouest*
21 Thierry Côme & Gilles Rouet (dir.), *Esthétiques de la ville. Équipements & usages*
22 David Sudre & Matthieu Genty (dir.), *Le sport. Diffusion globale et pratiques locales*
23 Ivaylo Ditchev & Gilles Rouet (dir.), *La photographie : mythe global et usage local*
24 I. Saleh, N.Bouhaï & H. Hachour (dir.), *Les frontières numériques*
25 François Soulages (dir.), *Biennales d'art-contemporain & frontières*
26 Martin Klus & Gilles Rouet (dir.), *Médias et sociétés interculturelles,*
27 Eric Bonnet (dir.), *Frontières & œuvres, corps & territoires*
28 Radovan Gura & Gilles Rouet (dir.), *Intégration & voisinage européens*
29 M. Rostekova & P. Terem (dir.), *Politiques & coopérations, l'espace euro-méditerranéen*
30 François Damon, *L'art contemporain au Viêt-Nam*
31 Éric Bonnet & François Soulages (dir.), *Frontières & artistes, en Méditerranée*
32 François Soulages (dir.), *Mondialisation & frontières. Arts, cultures & politiques 1*
33 É. Bonnet & F. Soulages (dir.), *Lieux & mondes. Arts, cultures & politiques 2*
34 A. Galabov & G. Rouet (dir.), *Services publics, entreprises publiques, pour les citoyens ?*
35 Petia Gueorguieva & Anna Krasteva (dir.), *La rue & l'e-rue*
36 M. Rinn & N. Narváez Bruneau (dir.), *L'Afrique en discours. Lieux communs, stéréotypes, crise*
37 Thierry Côme & Gilles Rouet (dir), *Innovations managériales, enjeux et perspectives*
38 Francis Massé, *Aux frontières du management*
39 Bogdan Bogdanov, *Penser et construire l'Europe*
40 Benoît Blanchard, *La dynamique des Frontières. Biennales d'art contemporain*
41 H Hachour, N Bouhaï & I Saleh (dir.), *Frontières numériques & savoir*
42 H Hachour, N Bouhaï & I Saleh (dir.), *Frontières numériques & artefacts*
43 Pierre San Ginès, *Frontières, Réalités & Imaginaires*
44 Joseph Jehl, *Des frontières invisibles. Voyage au centre de la règle de droit*
45 Ľudovít Hajduk & Martin Klus (dir), *Éducation & dialogue interculturel*
46 Sylvie Lemasson, *Histoire de frontières. La République des deux nations*
47 Radovan Gura & Gilles Rouet (dir), *Les citoyens & l'intégration européenne*
48 Stela Raytcheva & Gilles Rouet (dir), *Les entreprises & l'intégration européenne*

Publié avec le concours de

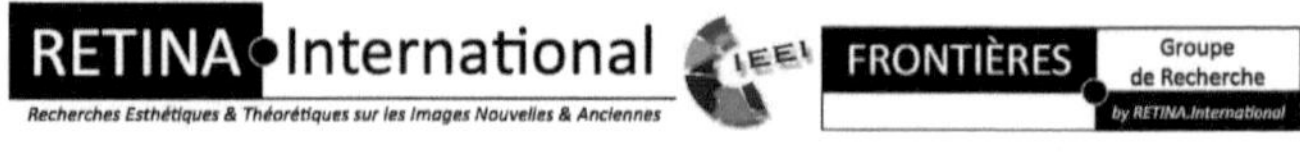

Les Beaux Arts

aux éditions L'Harmattan

Dernières parutions

FRONTIÈRES & ARTS
De l'opacité à la fraternité
Le Corre Sandrine
Les arts donnent à penser les frontières. Sans doute, parce que les artistes sont des êtres de passages. Par leurs déplacements ils font bouger les frontières. Ce livre part des œuvres – six créations plastiques et deux littéraires. Leur analyse rend compte d'une approche artistique des frontières structurée en trois moments : matérialité des frontières, expérience de la traversée et mises à l'épreuve de l'humanité. Si l'approche est artistique, les enjeux sont esthétiques et politiques.
(Coll. Eidos série Retina, 17.50 euros, 162 p.)
ISBN : 978-2-343-07984-4, ISBN EBOOK : 978-2-336-39794-8

BANJO ATTITUDES
Le banjo à cinq cordes : son histoire générale, sa documentation
De Smaele Gérard - Préface d'Art Rosembaum et postface d'Etienne Bours
Ce prototype africain, dont le banjo à cinq cordes dérive, nous ramène aux origines, aux musiciens d'Afrique de l'Ouest, aux plantations des Amériques où il était l'instrument de prédilection des esclaves. Populaire au XIXe siècle par les *minstrel-shows*, il fut après la guerre de Sécession, élevé au rang d'instrument de salon et conquit l'audience des salles de concerts classiques. Il retrouvera un solide élan de popularité dans la seconde partie du XXe siècle, au cœur du folk revival et de la musique old time, sans oublier le bluegrass banjo.
(25.50 euros, 238 p.)
ISBN : 978-2-343-07416-0, ISBN EBOOK : 978-2-336-39714-6

JEAN-NOËL DUPRÉ
C'est peut-être ça la vie !
Cara Fabienne, Bonnard Marc-Fabien
Depuis sa disparition, en mars 2008, il nous appartenait, amis proches, confrères paroliers, compositeurs, producteurs... de rendre hommage à l'auteur Jean-Noël Dupré. Bien sûr, l'interprète nous a marqués à travers par exemple sa version personnelle de *Y'a d'la joie* de Charles Trenet. Tous les médias s'en étaient fait l'écho. Mais Jean-Noël était avant tout un auteur. Et si ce livre qui lui est consacré peut permettre d'apprécier ses textes, il aura atteint le but que nous nous sommes fixé.
(Coll. Cabaret, 16.50 euros, 152 p.)
ISBN : 978-2-343-06761-2, ISBN EBOOK : 978-2-336-39811-2

LE VISITEUR DU FUTUR
Les coulisses d'une web-série culte
El Shoura Olympe
Voici le récit de l'expérience de l'auteur au cœur d'une web-série qui aura marqué toute une génération connectée : *Le Visiteur du Futur,* écrite et réalisée par François Descraques. Lancée avec ses comparses sans moyens financiers mais avec une même passion, l'objectif était de partager avec le plus grand nombre une oeuvre originale et autoproduite. La web-série est devenue culte, observée de près par les professionnels de l'audiovisuel pour sa capacité à renouveler le potentiel créatif dans le domaine de la fiction française.
(Coll. De Visu, 12.50 euros, 104 p.)
ISBN : 978-2-343-07762-8, ISBN EBOOK : 978-2-336-39743-6

J'AURAIS TEMPS AIMÉ !
Aux frontières d'Argenton
Koest Bernard
Et si notre vie ne consistait à rien d'autre qu'à l'écrire ? Il suffirait de se retourner, de retourner dans son pays natal, où peut-être n'est-on même pas né, et voici alors que nous pourrions le choisir. La frontière entre temps et espace peut s'ouvrir pour peu que l'on y dérive, que l'on associe nos lieux avec nos images. Placez vos pas dans leurs empreintes et vous pourriez bien vous retrouver en même temps ici et là-bas, hier et aujourd'hui, dedans et dehors... La frontière n'existe que si on lui donne un sens. Celle d'Argenton, et les vôtres aussi.
(Coll. RETINA.CRÉATION, 15.00 euros, 92 p., Quadrichromie)
ISBN : 978-2-343-06988-3, ISBN EBOOK : 978-2-336-39748-1

ART ET ABANDON
Des artistes racontent
Lemare Pascale - Préface de Sandrine Dekens
Pascale Lemare a trouvé un chemin original pour nous faire partager l'expérience tragique de l'abandon, elle est allée à la rencontre d'une douzaine d'artistes et les a interviewés longuement. Dans une écoute attentive, dépouillée des constructions théoriques préexistantes, elle a recueilli les récits de ces femmes et ces hommes qui, alors qu'ils étaient nourrisson, enfant, voire adolescent, ont été adoptés. Chacun raconte avec sincérité un parcours qui s'est structuré par l'art.
(28.00 euros, 280 p.)
ISBN : 978-2-343-07582-2, ISBN EBOOK : 978-2-336-39580-7

POÏÉTIQUES DU DESIGN
Conception et politique
Sous la direction de Gwenaëlle Bertrand et Maxime Favard
Si l'on considère le vaste champ du design comme un lieu propice aux contestations et aux élaborations d'utopies contradictoires, on peut supposer que ce dernier participe à la définition politique du territoire. Ainsi fait de société, le design implique l'individu au cœur de la relation qu'il entretient avec la collectivité. Le citoyen pris à parti, encouragé à la participation, devient acteur de son environnement.
(Coll. Esthétique série Ars, 25.00 euros, 254 p.)
ISBN : 978-2-343-07730-7, ISBN EBOOK : 978-2-336-39487-9

PIERRE BAQUÉ, UN ART SINGULIER

Desiderio Mauro

4 films sur Pierre Baqué. *Moment de création, dans l'atelier de Pierre Baqué* (2015, 26 minutes). Pierre Baqué apporte les dernières retouches et évoque sa méthode, sa conception esthétique et technique de la création, en développant une réflexion de portée universelle. *Art commenté* (2015, 45 minutes). Dans son atelier, Pierre Baqué présente et commente un ensemble de ses œuvres. Un premier corpus est d'inspiration biblique et comprend une relecture de la «Cène» ainsi que des «Sept douleurs de la vierge». Un second interroge le «memento mori» et le «carpe diem». Un troisième est constitué de surprenantes vanités s'inscrivant dans une mouvance artistique très ancienne tout en renouvelant les formes. *L'Écume des jours*, une exposition d'œuvres de Pierre Baqué (2015, 45 minutes). À Paris, Pierre Baqué commente ses œuvres les plus récentes lors d'une exposition. *Penser l'Art* (2015, 12 minutes). Pierre aborde des éléments de méthode quant à sa technique et son esthétique.

(20.00 euros)

ISBN : 978-2-336-29746-0

L'UNIVERSALITÉ DES SIGNES GRAPHIQUES

Otte Marcel

Par la création de formes, l'humanité se dégage de l'emprise biologique, et chacune de ces images révèle une partie de l'inconscient enfin libéré. Mais, partis du naturel physiologique, les signes graphiques poursuivent ensuite leur propre trajectoire en total autonomie, ils attirent la destinée humaine dans leur aventure, jusqu'à l'écriture puis aux polices informatiques.

(16.50 euros, 152 p.)

ISBN : 978-2-343-07351-4, ISBN EBOOK : 978-2-336-39430-5

CRISE ET PATRIMOINE MONUMENTAL

Sous la direction de Mylène Le Roux

Voici évalués les effets de la crise économique sur le patrimoine monumental. *A priori* négatifs, ils peuvent aussi être envisagés sous un angle positif, en analysant les réactions - essentiellement des pouvoirs publics - visant à pallier les impacts de la crise (rationalisation, valorisation, intégration du développement durable), les réflexions menées face à des enjeux émergents, ainsi que la potentielle contribution du patrimoine monumental au redressement productif.

(Coll. Droit du Patrimoine culturel et naturel, 27.00 euros, 264 p.)

ISBN : 978-2-343-07016-2, ISBN EBOOK : 978-2-336-39540-1

CONCEPTION NON FORMELLE EN ARCHITECTURE

Expériences d'apprentissage et pratiques de conception

Estevez Daniel

Préface de Christophe Hutin

Les travaux présentés dans cet ouvrage concernent l'enseignement de la conception contemporaine en architecture. La conception non formelle est l'ensemble de procédures d'improvisation qui permettent aux concepteurs de s'écarter de la planification et de la modélisation, créant une architecture du moment. Cette conception est basée sur l'idée que savoir théorique et raison

pratique, conception et réalisation, ne sont pas opposés mais qu'au contraire ils se nourrissent mutuellement.
(Coll. Questions contemporaines, 22.50 euros, 222 p.)
ISBN : 978-2-343-07295-1, ISBN EBOOK : 978-2-336-39498-5

DEUX ROME
Paris-Mexico 1784-1910 (I. Architectures et transferts)
Dasques Françoise
Cet ouvrage en trois tomes analyse les transferts en architecture opérés entre la France et le Mexique, dans le monde global du XIXe siècle que stimulent et conditionnent les normes de la modernité franco-anglaise. La question du fer, structurelle et symbolique du nouvel état industriel, le livre, premier moteur de l'influence, et enfin les hommes (constructeurs mexicains formés en France ou professionnels français intervenant au Mexique) forcent l'entrée de modèles par des voies dont ce volume sonde la pertinence.
(Coll. Historiques, série Travaux, 29.50 euros, 286 p.)
ISBN : 978-2-343-07128-2, ISBN EBOOK : 978-2-336-39660-6

DU STYLE PARISIEN À L'ÉCLECTISME PORFIRIEN
Paris-Mexico 1784-1910 (II. Architectures et devenir des formes)
Dasques Françoise
Cet ouvrage en trois tomes analyse les transferts en architecture opérés entre la France et le Mexique, dans le monde global du XIXe siècle que stimulent et conditionnent les normes de la modernité franco-anglaise. L'analyse architecturale, objet de ce second tome, postule un devenir des formes, soit la singularité de bâtiments et monuments inspirés par les solutions françaises alors dominantes. L'architecture des Français du Mexique montre à l'examen que rien ne se transporte en l'état.
(Coll. Historiques, série Travaux, 25.50 euros, 244 p.)
ISBN : 978-2-336-30580-6, ISBN EBOOK : 978-2-336-39659-0

LA PENSÉE FRANÇAISE DE L'ARCHITECTURE MEXICAINE
Paris-Mexico 1784-1910 (III. Architectures et univers mental)
Dasques Françoise
Ce livre en trois tomes analyse les transferts en architecture opérés entre la France et le Mexique, dans le monde global du XIXe siècle que stimulent et conditionnent les normes de la modernité franco-anglaise. Lien choisi (ancrages) ou subi (dépendances), la pulsion française du Mexique indépendant, thème de ce troisième tome, fait l'objet de manifestations pendulaires, indices des relations à la fois fusionnelles et chaotiques qui conduisent l'histoire des deux pays et dont témoignent les faits d'architecture.
(Coll. Historiques, série Travaux, 24.50 euros, 228 p.)
ISBN : 978-2-336-30581-3, ISBN EBOOK : 978-2-336-39658-3

L'HARMATTAN ITALIA
Via Degli Artisti 15; 10124 Torino
harmattan.italia@gmail.com

L'HARMATTAN HONGRIE
Könyvesbolt ; Kossuth L. u. 14-16
1053 Budapest

L'HARMATTAN KINSHASA
185, avenue Nyangwe
Commune de Lingwala
Kinshasa, R.D. Congo
(00243) 998697603 ou (00243) 999229662

L'HARMATTAN CONGO
67, av. E. P. Lumumba
Bât. – Congo Pharmacie (Bib. Nat.)
BP2874 Brazzaville
harmattan.congo@yahoo.fr

L'HARMATTAN GUINÉE
Almamya Rue KA 028, en face
du restaurant Le Cèdre
OKB agency BP 3470 Conakry
(00224) 657 20 85 08 / 664 28 91 96
harmattanguinee@yahoo.fr

L'HARMATTAN MALI
Rue 73, Porte 536, Niamakoro,
Cité Unicef, Bamako
Tél. 00 (223) 20205724 / +(223) 76378082
poudiougopaul@yahoo.fr
pp.harmattan@gmail.com

L'HARMATTAN CAMEROUN
BP 11486
Face à la SNI, immeuble Don Bosco
Yaoundé
(00237) 99 76 61 66
harmattancam@yahoo.fr

L'HARMATTAN CÔTE D'IVOIRE
Résidence Karl / cité des arts
Abidjan-Cocody 03 BP 1588 Abidjan 03
(00225) 05 77 87 31
etien_nda@yahoo.fr

L'HARMATTAN BURKINA
Penou Achille Some
Ouagadougou
(+226) 70 26 88 27

L'HARMATTAN SÉNÉGAL
10 VDN en face Mermoz, après le pont de Fann
BP 45034 Dakar Fann
33 825 98 58 / 33 860 9858
senharmattan@gmail.com / senlibraire@gmail.com
www.harmattansenegal.com

L'HARMATTAN BÉNIN
ISOR-BENIN
01 BP 359 COTONOU-RP
Quartier Gbèdjromèdé,
Rue Agbélenco, Lot 1247 I
Tél : 00 229 21 32 53 79
christian_dablaka123@yahoo.fr

Achevé d'imprimer par Corlet Numérique - 14110 Condé-sur-Noireau
N° d'Imprimeur : 704707 - Mars 2017 - Imprimé en France